26

COLLECTION
COMPLETE
DES ŒUVRES
de Monsieur
DE VOLTAIRE,
NOUVELLE ÉDITION,

Augmentée de ses dernieres Pieces de Théâtre, & enrichie de 61 Figures en taille-douce.

TOME QUATRIEME.

A AMSTERDAM,
Aux Dépens de la Compagnie.

M. DCC. LXIV.

LE TEMPLE

DU GOÛT.

Tome IV.   A

LE

LE TEMPLE DU GOÛT.

LE Cardinal Oracle de la France,
Non ce Mentor qui gouverne aujour-
d'hui,
Mais ce Nestor qui du Pinde est l'appui,
Qui des *Savans* a passé l'espérance,
Qui les soutient, qui les anime tous,
Qui les éclaire, & qui régne sur nous
Par les attraits de sa douce éloquence ;
Ce Cardinal qui sur un nouveau ton,
En vers Latins fait parler la Sagesse,
Réünissant Virgile avec Platon,
Vengeur du Ciel, & vainqueur de Lucrèce (1).
 Ce

(1) Mr. le Cardinal de *Polignac* a composé un Poë-

LE TEMPLE

Ce Cardinal enfin, que tout le monde doit reconnoître à ce portrait, me dit un jour qu'il vouloit que j'allasse avec lui au Temple du Goût. C'est un séjour, me dit-il, qui ressemble au Temple de l'Amitié, dont tout le monde parle, où peu de gens vont, & que la plûpart de ceux qui y voyagent n'ont presque jamais bien examiné.

 Je répondis avec franchise,
Hélas ! je connois assez peu
Les Loix de cet aimable Dieu,
Mais je sai qu'il vous favorise ;
Entre vos mains il a remis
Les clefs de son beau Paradis ;
Et vous êtes, à mon avis,
Le vrai Pape de cette Eglise.
Mais de l'autre Pape & de vous
(Dût Rome se mettre en courroux)
La différence est bien visible ;
Car la Sorbonne ose assûrer
Que le Saint Pere peut errer,
Chose, à mon sens, assez possible ;
       Mai

Poëme Latin contre Lucrèce. Tous les Gens de Lettres connoissent ces Vers, qui sont au commencement :

 Pieridum si forte lepos austera canentes
 Deficit, eloquio victi, re vincimus ipsa.

DU GOUST.

Mais pour moi, quand je vous entends
D'un ton si doux & si plausible,
Debiter vos Discours brillants,
Je vous croirois presque infaillible.

Ah ! me dit-il, l'infaillibilité est à Rome pour les choses qu'on ne comprend point, & dans le Temple du Goût, pour les choses que tout le monde comprend ; il faut absolument que vous veniez avec moi. Mais, insistai-je encore, si vous me menez avec vous, je m'en vanterai à tout le monde.

Sur ce petit Pélerinage
Aussi-tôt on demandera
Que je compose un gros Ouvrage,
Voltaire simplement fera
Un recit court, qui ne sera
Qu'un très-frivole badinage.
Mais son recit on frondera,
A la Cour on murmurera;
Et dans Paris on me prendra
Pour un vieux Conteur de Voyage,
Qui vous dit d'un air ingénu
Ce qu'il n'a ni vu ni connu,
Et qui vous ment à chaque page.

Cependant, comme il ne faut jamais se refuser

fuser un plaisir, dans la crainte de ce que les autres en pourront penser, je suivis le Guide qui me faisoit l'honneur de me conduire.

 Aimable Abbé, vous futes du Voyage,
 Vous que le goût ne cesse d'inspirer,
 Vous dont l'esprit si délicat, si sage,
 Vous dont l'exemple a daigné me montrer
 Par quels chemins on peut, sans s'égarer,
 Chercher ce goût, ce Dieu que dans cet Age
 Maints Beaux-Esprits font gloire d'ignorer.

Nous rencontrames en chemin bien des obstacles. D'abord nous trouvames Mrs. Baldus, Sciopius, Lexicocrassus, Scriblerius, une nuée de Commentateurs, qui restituoient des passages, & qui compiloient de gros Volumes, à propos d'un mot qu'ils n'entendoient pas.

Là, j'apperçus les Daciers (2), les Saumaises (3), Gens hérissés de savantes fadaises,

Le

___

(2) *Dacier*, avoit une Littérature fort grande : il connoissoit tout dans les Anciens, hors la grace & la finesse : ses Commentaires ont par-tout de l'érudition & jamais de goût ; il traduit grossiérement les délicatesses d'Horace.

Si Horace dit à sa Maîtresse : *Miseri quibus intentata nites*, Dacier dit : *Malheureux ceux qui se laissent attirer par*

DU GOUST.

Le teint jauni, les yeux rouges & secs,
Le dos courbé sous un tas d'Auteurs Grecs;
Tous noircis d'encre, & couverts de poussiére.
Je leur criai de loin par la Portiére,
N'allez-vous pas dans le Temple du Goût
Vous décrasser ? Nous, Messieurs ? Point du tout.
Ce n'est pas-là, grace au Ciel, notre étude;
Le Goût n'est rien : nous avons l'habitude,
De rédiger au long, de point en point,
Ce qu'on pensa; mais nous ne pensons point.

Après cet aveu ingénu, ces Mrs. entourérent le Carosse, & voulurent absolument nous faire lire certains passages de Dictys de Crete, & de Métrodore de Lampsaque, que Scaliger avoit estropiés. Nous les remerciames de leur courtoisie, & nous continuames notre chemin. Nous n'eûmes pas fait cent pas, que nous trouvames un Homme entouré de Pein-

par cette bonace, sans vous connoître. Il traduit, *Nunc est bibendum, nunc pede libero pulsanda tellus* : C'est à présent qu'il faut boire, & que, sans rien craindre, il faut danser de toute sa force. *Mox juniores quærit adulteros* : Elles ne sont pas plutôt mariées, qu'elles cherchent de nouveaux Galans. Mais quoiqu'il défigure Horace, & que ses Notes soient d'un Savant peu spirituel, son Livre est plein de recherches utiles, & on loue son travail, en voyant son peu de génie.

(3) *Saumaise*, est un Auteur savant qu'on ne lit plus guère.

LE TEMPLE

Peintres, d'Architectes, de Sculpteurs, de
Doreurs, de faux Connoisseurs, de Flateurs.
Ils tournoient le dos au Temple du Goût.

D'un air content, l'Orgueil se reposoit.
Se pavanoit sur son large visage,
Et mon Crassus tout en ronflant disoit :
J'ai beaucoup d'Or, de l'Esprit davantage :
Du Goût, Messieurs, j'en suis pourvû sur-tout ;
Je n'appris rien, je me connois à tout :
Je suis un Aigle en conseil, en affaires ;
Malgré les Vents, les Rocs & les Corsaires,
J'ai dans le Port fait aborder ma Nef.
Partant il faut qu'on me bâtisse en bref
Un beau Palais, fait pour moi, c'est tout dire ;
Où tous les Arts soient en foule entassez,
Où tout le jour je prétends qu'on m'admire.
L'argent est prêt. Je parle, obéïssez.
Il dit & dort : aussi-tôt la Canaille
Autour de lui s'évertue & travaille.
Certain Maçon, en Vitruve érigé,
Lui trace un Plan d'ornemens surchargé.
Nul Vestibule, encor moins de Façade ;
Mais vous aurez une longue enfilade ;
Vos murs seront de deux doigts d'épaisseur,
Grands Cabinets, Salon sans profondeur,
Petits Trumeaux, Fenêtres à ma guise,
Que l'on prendra pour des portes d'Eglise ;

DU GOUST.

Le tout boisé, verni, blanchi, doré,
Et des Badauts à coup sûr admiré.
 Réveillez-vous, Monseigneur, je vous prie,
Crioit un Peintre : admirez l'induſtrie
De mes talens; Raphaël n'eut jamais
Entendu l'Art d'embellir un Palais.
C'eſt moi qui ſais annoblir la Nature :
Je couvrirai Plat-fonds, Voute, Vouſſure,
Par cent Magots travaillés avec ſoin,
D'un pouce ou deux, pour être vûs de loin.
 Craſſus s'éveille, il regarde, il rédige
A tort, à droit, règle, approuve, corrige.
A ſes côtés un petit Curieux,
Lorgnette en main diſoit : Tournez les yeux,
Voyez ceci, c'eſt pour votre Chapelle;
Sur ma parole, achetez ce Tableau,
C'eſt Dieu le Pére en ſa gloire éternelle,
Peint galamment dans le goût du Vatau (4).
 Et cependant, un fripon de Libraire,
Des Beaux-Eſprits écumeur mercenaire,
Tout Bellegarde à ſes yeux étalloit,
Tout Piraval, & juſques à Desfontaines (*),

         Re-

(4) Vatau eſt un Peintre Flamand, qui a travaillé à Paris, où il eſt mort il y a quelques années. Il a réüſſi dans les petites figures qu'il a deſſinées, & qu'il a très-bien groupées; mais il n'a jamais rien fait de grand; il en étoit incapable.
(*) Mauvais Auteur.

Recueils nouveaux, & Journaux à centaines,
Et Monseigneur vouloit lire & bâilloit.

Je crus en être quitte pour ce petit retardement, & que nous allions arriver au Temple, sans autre mauvaise fortune ; mais la route est plus dangereuse que je ne pensois. Nous trouvames bien-tôt une nouvelle embuscade.

Tel un dévot infatigable,
Dans l'étroit chemin du salut,
Est cent fois tenté par le Diable,
Avant d'arriver à son but.

C'étoit un Concert que donnoit un Homme de Robe, fou de la Musique qu'il n'avoit jamais apprise, & encore plus fou de la Musique *Italienne*, qu'il ne connoissoit que par de mauvais airs inconnus à Rome, & estropiés en France par quelques Filles de l'Opéra.

Il faisoit exécuter alors un long Récitatif Français, mis en Musique par un Italien qui ne savoit pas notre Langue. En vain on lui remontra que cette espèce de Musique, qui n'est qu'une déclamation nottée, est nécessairement asservie au génie de la Langue, & qu'il n'y a rien de si ridicule que des Scènes Françaises chantées à l'*Italienne*; si ce n'est l'Italien chanté dans le goût Français.

DU GOUST.

La Nature féconde, ingénieuse & sage,
Par ses dons partagés, ornant cet Univers
Parle à tous les Humains, mais sur des tons divers.
Ainsi que son esprit, tout le Peuple a son langage,
Ses sons & ses accens à sa voix ajustés,
Des mains de la Nature exactement notés :
L'oreille heureuse & fine en sent la différence.
Sur le ton des Français, il faut chanter en France :
Aux loix de notre goût, Lully sût se ranger ;
Il embellit notre Art, au lieu de le changer.

A ces paroles judicieuses mon homme répondit en secouant la tête : Venez, venez, dit-il, on va vous donner du neuf. Il fallut entrer & voilà son Concert qui commence.

Du grand Lully vingt Rivaux fanatiques,
Plus ennemis de l'Art & du Bon-Sens,
Défiguroient sur des tons glapissans
Des Vers Français, en fredons Italiques :
Une Bégueule en lorgnant se pâmoit,
Et certain Fat, yvre de sa parure,
En se mirant chevrotoit, fredonnoit ;
Et de l'Index battant faux la mesure,
Crioit, *bravo*, lorsque l'on détonnoit.

Nous sortîmes au plus vîte ; ce ne fut qu'au travers de bien des avantures pareilles, que nous arrivâmes enfin au Temple du Goût.

Jadis en Grece on en posa
Le fondement ferme & durable :
Puis, jusqu'au Ciel on exhaussa,
Le faîte de ce Temple aimable.
L'Univers entier l'encensa,
Le Romain, long-tems intraitable,
Dans ce séjour s'apprivoisa,
Le Musulman, plus implacable,
Conquit le Temple, & le rasa.
En Italie on ramassa
Tous les débris que l'Infidèle,
Avec fureur en dispersa.
Bien-tôt FRANÇOIS PREMIER osa
En bâtir un sur ce modèle.
Sa Postérité méprisa
Cette Architecture si belle ;
Richelieu vint, qui répara
Le Temple abandonné par elle.
LOUIS LE GRAND le décora ;
Colbert, son Ministre fidèle,
Dans ce Sanctuaire attira
Des Beaux-Arts la Troupe immortelle.
L'Europe jalouse admira
Ce Temple en sa beauté nouvelle ;
Mais je ne sai s'il durera.

 Je pourrois décrire ce Temple
Et détailler les ornemens
Que le Voyageur y contemple ;

Mais n'abusons point de l'exemple
De tant de Faiseurs de Romans,
Sur-tout fuyons le verbiage
De Monsieur de Félibien,
Qui noye éloquemment un rien
Dans un fatras de beau langage.
Cet Edifice précieux
N'est point chargé des antiquailles
Que nos très-Gothiques Ayeux
Entassoient autour des murailles
De leurs Temples, grossiers comme eux.
Il n'a point les défauts pompeux
De la Chapelle de Versailles,
Ce Colifichet fastueux,
Qui du Peuple éblouït les yeux,
Et dont le Connoisseur se raille.

Il est plus aisé de dire, ce que ce Temple n'est pas, que de faire connoître ce qu'il est. J'ajouterai seulement, pour éviter la difficulté:

Simple en étoit la noble Architecture,
Chaque ornement, à sa place arrêté,
Y sembloit mis par la nécessité;
L'art s'y cachoit, sous l'air de la Nature.
L'œil satisfait embrassoit sa structure,
Jamais surpris, & toujours enchanté.

Le Temple étoit environné d'une foule de
Vir-

Virtuoses, d'Artistes, & de Juges de toute espèce, qui s'efforçoient d'entrer, mais qui n'entroient point.

 Car la Critique, à l'œil sévere & juste,
 Gardant les Clefs de cette Porte auguste,
 D'un bras d'airain fiérement repoussoit
 Le Peuple Goth, qui sans cesse avançoit.

Oh ! que d'hommes considérables, que de gens du bel air n'y sont point reçus !

 On ne voit point dans ce Pourpris
 Les Cabales toûjours mutines
 De ces prétendus Beaux-Esprits,
 Qu'on vit soutenir dans Paris
 Les Pradons & les Scuderis (5),
 Contre les immortel Ecrits,
 Des Corneilles & des Racines.

On

(5) *Scuderi* étoit, comme de raison, ennemi déclaré de Corneille. Il avoit une Cabale qui le mettoit fort au-dessus de ce Pere du Théâtre. Il y a encore un mauvais Ouvrage de Sarrasin, fait pour prouver que je ne sai quelle Piéce de Scuderi, nommée l'Amour Tyrannique, étoit le Chef-d'œuvre de la Scêne Française. Ce Scuderi se vantoit, qu'il y avoit eu quatre Portiers de tués à une de ses Piéces ; & il disoit qu'il ne céderoit à Corneille qu'en cas qu'on eût tué cinq Portiers au Cid, ou aux Horaces.

A l'égard de Pradon, on sait que sa Phédre fut d'abord beaucoup mieux reçue que celle de Racine, & qu'il fallut du tems pour faire céder la Cabale au mérite.

On repouſſoit auſſi rudement ces Ennemis obſcurs de tout mérite éclatant, ces Inſectes de la Société, qui ne ſont apperçus, que parce qu'ils piquent. Ils auroient envié également *Rocroy* au grand Condé, *Denain* à Villars, & *Polieucte* à Corneille. Ils auroient exterminé le Brun, pour avoir fait le Tableau de la Famille de Darius. Ils envient tout ; ils infectent tout ce qu'ils touchent.

L'orgueil les engendra dans les flancs de l'Envie,
L'intérêt, le ſoupçon, l'infâme Calomnie,
Et ſouvent les Dévots, Monſtres plus dangereux,
Entr'ouvrent en ſecret, d'un air myſtérieux,
Les Portes des Palais à leur Cabale impie.
C'eſt-là que d'un Midas, ils faſcinent les yeux.
Un Fat leur applaudit, un Méchant les appuye ;
Et le Mérite en pleurs, perſécuté par eux,
Renonce en ſoupirant, aux Beaux-Arts qu'on décrie.

Ces lâches Perſécuteurs s'enfuirent en voyant paroître mes deux Guides. Leur ſuite précipitée fit place à un ſpectacle plus plaiſant : c'étoit une foule d'Ecrivains de tout rang, de tout état & de tout âge, qui gratoient à la porte, & qui prioient la Critique de les laiſſer entrer. L'un apportoit un Roman Mathématique, l'autre une Harangue à l'Académie : celuilui-ci venoit de composer une Comédie Métaphysique : celui-là tenoit un petit Recueil de ses Poësies, imprimé depuis long-tems *incognito*, avec une longue Approbation & un Privilége (6); cet autre venoit présenter un Mandement en stile précieux, & étoit tout surpris qu'on se mît à rire, au lieu de lui demander sa bénédiction. Je suis le Révérend Pere..... disoit l'un : faites un peu place à Monseigneur, disoit l'autre.

 Un Raisonneur avec un fosset aigre
 Crioit : Messieurs, je suis ce Juge intègre,
 Qui toujours parle, argue, & contredit;
 Je viens siffler tout ce qu'on applaudit.
 Lors la Critique apparut & lui dit :
 Ami Bardou, vous êtes un grand Maître;
 Mais n'entrerez en cet aimable Lieu,
 Vous y venez pour fronder nôtre Dieu;
 Contentez-vous de ne le pas connaître.

Mr. Bardou se mit alors à crier : Tout le monde est trompé, & le sera. Il n'y a point de Dieu

———

(6) La plûpart des mauvais Livres sont imprimés en France, avec des approbations pleines d'éloges. Les Censeurs des Livres manquent en cela de respect au Public. Leur devoir n'est pas de dire, si un Livre est bon; mais s'il n'y a rien contre l'Etat & contre les Mœurs.

DU GOUST. 17

Dieu du goût, & voici comme je le prouve. Alors il proposa, il divisa, il subdivisa, il distingua, il résuma, personne ne l'écouta; & l'on s'empressoit à la Porte plus que jamais.

> Parmi les flots de la foule insensée,
> De ce Parvis obstinément chassée,
> Tout doucement venoit la Motte Houdard,
> Lequel disoit d'un ton de Papelard;
> Ouvrez, Messieurs, c'est mon Oedipe en prose (7).
> Mes Vers sont durs, d'acord; mais forts de choses.
> De grace ouvrez; je veux à Despréaux
> Contre les Vers, dire avec goût deux mots.

La Critique le reconnut, à la douceur de son maintien, & à la dureté de ses derniers Vers, & elle le laissa quelque-tems entre Pérault & Chapelain, qui assiégeoient la Porte depuis cinquante ans, en criant contre Virgile.

Dans

---

(7) Houdard de la Motte fit en 1728. un Oedipe en prose, & un Oedipe en vers. A l'égard de son Oedipe en prose, personne que je sache n'a pû le lire. Son Oedipe en vers fut joué trois fois. Il est imprimé avec ses autres Œuvres Dramatiques, & l'Auteur a eu soin de mettre dans un Avertissement, que cette Piéce a été interrompue au milieu du plus grand succès. Cet Auteur a fait d'autres Ouvrages estimés, quelques Odes très-belles, de jolis Opéra, & des Dissertations très-bien écrites.

Dans le moment arriva un autre Vérsificateur, soutenu par deux petits Satires; il paroissoit plein de confiance.

Je viens, dit-il (8), pour rire & pour m'ébattre,
Me rigolant, menant joyeux déduit,
Et jusqu'au jour, faisant le Diable à quatre.

Qu'est-ce que j'entends-là, dit la Critique?
C'est-moi, reprit le Rimeur. J'arrive d'Allemagne pour vous voir, & j'ai pris la Saison du Printems.

Car les jeunes Zéphirs, de leurs chaudes haleines
    Ont fondu l'écorce des eaux (9).

Plus il parloit ce langage, moins la Porte s'ouvroit. Quoi ! l'on me prend donc, dit-il

Pour (10) une Grenouille aquatique
Qui du fonds d'un petit thorax
Va chantant pour toute Musique,
Brekeke, kake, koax, koax, koax?

Ah bon Dieu ! s'écria la Critique, quel horrible jargon ! On lui dit que c'étoit Rousseau

(8) Vers de Rousseau.
(9) Vers de Rousseau.
(10) Id. ibid.

dont les Dieux avoient changé la voix en ce cri ridicule, pour punition de ses méchancetés. Elle lui ferma la porte au plus vîte. Il fut fort étonné de ce procédé, & jura de s'en vanger par quelque nouvelle Allégorie contre le Genre-Humain, qu'il ait par représailles. Il s'écrioit en rougissant :

Adoucissez cette rigueur extrême,
Je viens chercher Marot mon Compagnon,
J'eus, comme lui, quelque peu de guignon,
Le Dieu qui rime, est le seul Dieu qui m'aime;
Connoissez-moi, je suis toûjours le même.
Voici des Vers contre l'Abbé Bignon (11).
O vous, Critique, ô vous, Déesse utile,
C'étoit par vous que j'étois inspiré;
En tout Pays, en tout tems abhorré,
Je n'ai que vous désormais pour asyle.

La Critique entendit ces paroles, rouvrit la Porte, & parla ainsi :

Rousseau, connois mieux la Critique,
Je suis juste, & ne fus jamais
Semblable à ce Monstre caustique
Qui s'arma de ces lâches traits,

Trem-

(11) Conseiller d'Etat, homme d'un mérite reconnu dans l'Europe, & Protecteur des Sciences. Rousseau avoit fait contre lui quelques mauvais Vers.

Trempés au poison satirique,
Dont tu t'enyvres à longs traits.
Autrefois de sa félonie
Thémis te donna le guerdon,
Par Arrêt ta Muse est bannie (12),
Pour certains Couplets de Chanson,
Et pour un fort mauvais Facton,
Que te dicta la Calomnie;
Mais par l'équitable Apollon
Ta rage fut bien-tôt punie.
Il t'ôta le peu de génie,
Dont tu dis qu'il t'avoit fait don;
Il te priva de l'harmonie,
Et tu n'as plus rien aujourd'hui,
Que la foiblesse & la manie
De rimer encor, malgré lui,
Des Vers Tudesques qu'il renie.

---

(12) Rousseau fut condamné à l'amende - honorable & au bannissement perpétuel, pour des Couplets infâmes faits contre ses amis, & dont il accusa le Sr. Saurin de l'Académie des Sciences d'être l'Auteur. Les Curieux ont conservé les Piéces de ce Procès. Le Factum de Rousseau passe pour être extrêmement mal écrit. Celui de Mr. Saurin est un Chef-d'œuvre d'esprit & d'éloquence. Rousseau banni de France, s'est brouillé avec tous ses Protecteurs, & a continué de déclamer inutilement contre ceux qui faisoient honneur à la France par leurs Ouvrages, comme Mrs. de Fontenelle, Crebillon, Destouches, Dubos, &c.

Après avoir donné cet avis, la Critique décida que Rousseau passeroit devant la Motte, en qualité de Versificateur; mais que la Motte auroit le pas, toutes les fois qu'il s'agiroit d'Esprit & de Raison.

Ces deux hommes, si différens, n'avoient pas fait quatre pas, que l'un pâlit de colére, & l'autre tressaillit de joye, à l'aspect d'un homme qui étoit depuis long-tems dans ce Temple.

C'étoit le sage Fontenelle,
Qui par les Beaux-Arts entouré,
Répandoit sur eux, à son gré,
Une clarté pure & nouvelle.
D'une Planete, à tire d'aîle,
En ce moment il revenoit
Dans ces lieux où le Goût tenoit
Le Siège heureux de son Empire.
Avec Quinaut il badinoit;
Avec Mairan il raisonnoit;
D'une main legére il prenoit
Le Compas, la Plume, & la Lyre.

Eh quoi! cria Rousseau, je verrai ici cet Homme, contre qui j'ai fait tant d'Epigrammes? Quoi! Le Bon-Goût souffrira dans son Temple l'Auteur des *Lettres du Ch. d'Her*, d'une *Passion d'Automne*, d'un *Clair de Lune*,

d'un

d'un *Ruisseau Amant de la Prairie*, de la *Tragédie d'Aspar*, d'*Endymion*, &c. Eh non, dit la Critique : ce n'est pas l'Auteur de tout cela que tu vois ; c'est celui des *Mondes*, Livre qui auroit dû t'instruire ; de *Thétis* & de *Pelée*, Opéra qui excita inutilement ton envie ; de l'*Histoire de l'Académie des Sciences*, que tu n'ès pas à portée d'entendre.

Rousseau alla faire une Epigramme, & Fontenelle le regarda, avec cette compassion Philosophique, qu'un Esprit éclairé & étendu ne peut s'empêcher d'avoir pour un homme qui ne fait que rimer, & il alla prendre paisiblement sa place entre Lucrèce & Leibnitz (13). Je demandai pourquoi Leibnitz étoit-là ? On me répondit que c'étoit pour avoir fait d'assez bons Vers Latins, quoiqu'il fut Métaphisicien & Géometre ; & que la Critique le souffroit en

(13) Leibnitz né à Leipsick le 23. Juin 1646. mort à Hanovre le 14. Novembre 1716. Nul Homme de Lettres n'a fait tant d'honneur à l'Allemagne. Il étoit plus universel que Newton, quoiqu'il n'ait peut-être pas été si grand Mathématicien. Il joignoit à une profonde étude de toutes les parties de la Physique un grand goût pour les Belles-Lettres : il faisoit même des Vers Français. Il a paru s'égarer en Métaphysique ; mais il a cela de commun avec tous ceux qui ont voulu faire des Systêmes. Au reste, il dut sa fortune à sa réputation. Il jouïssoit de grosses Pensions de l'Empereur d'Allemagne, de celui de Moscovie, du Roi d'Angleterre, & de plusieurs autres Souverains.

en cette place, pour tâcher d'adoucir, par cet exemple, l'esprit dur de la plûpart de ses Confréres.

Cependant la Critique se tournant vers l'aimable Interprête de la Philosophie, lui dit : je ne vous reprocherai pas certains Ouvrages de votre Jeunesse, comme font ces Cyniques jaloux ; mais je suis la Critique, vous êtes chez le Dieu du Goût, & voici ce que je vous dis de la part de ce Dieu, du Public, & de la mienne ; car nous sommes, à la longue, toujours tous trois d'accord :

Votre Muse, sage & riante,
Devroit aimer un peu moins l'art ;
Ne la gâtez point par le fard,
Sa couleur est assez brillante.

A l'égard de Lucrèce, il rougit d'abord en voyant son ennemi ; mais à peine l'eut-il entendu parler qu'il l'aima. Il courut à lui, & lui dit en très-beaux Vers Latins ce que je traduis en assez mauvais Vers Français.

Aveugle que j'étois, je crus voir la Nature,
Je marchai dans la nuit, conduit par Epicure ;
J'adorai comme un Dieu ce Mortel orgueilleux,
Qui fit la guerre au Ciel, & détrôna les Dieux.
L'Ame ne me parut qu'une faible étincelle,
Que l'instant du trépas dissipe dans les airs.

Tu

Tu m'as vaincu, je céde, & l'ame est immortelle;
Aussi-bien que ton nom, mes Ecrits, & tes Vers.

Le Cardinal répondit à ce compliment dans la Langue de Lucrèce. Tous les Poëtes Latins qui étoient-là, le prirent pour un ancien Romain à son air & à son stile ; mais les Poëtes Français sont fort fâchés qu'on fasse des Vers dans une Langue qu'on ne parle plus, & disent que puisque Lucrèce, né à Rome, embellissoit Epicure en Latin, son Adversaire, né à Paris, devait le combattre en Français. Enfin après beaucoup de ces retardemens agréables, nous arrivâmes jusqu'à l'Autel & jusqu'au Trône du Dieu du Goût.

Je vis ce Dieu qu'en vain j'implore :
Ce Dieu charmant que l'on ignore,
Quand on cherche à le définir :
Quand avec scrupule on l'adore,
Que la Fontaine fait sentir
Que M. Bardou cherche encore.
 Par la main des Graces orné,
Ce Dieu toujours est couronné
D'un Diadême, qu'au Parnasse
Composa jadis Apollon
Du Laurier du Divin Maron,
Du Lierre & du Myrte d'Horace,
Et des Roses d'Anacréon.

Sur

DU GOUST.

Sur son front régne la Sagesse,
Le Sentiment & la Finesse
Brillent tendrement dans ses yeux;
Son air est vif, ingénieux,
Il vous ressemble, enfin, Silvie,
A vous, que je ne nomme pas,
De peur des cris & des éclats
De cent Beautés que vos appas
Font dessecher de jalousie.

Non loin de lui Rollin dictoit (14)

Quel-

────────

(14) *Charles Rollin*, ancien Recteur de l'Université & Professeur Royal, est le premier homme de l'Université, qui ait écrit purement en Français pour l'instruction de la Jeunesse, & qui ait recommandé l'étude de notre Langue, si nécessaire & cependant si négligée dans les Ecoles. Son Livre du *Traité des Etudes*, respire le bon goût, & la saine Littérature presque partout. On lui reproche seulement de descendre dans des minuties. Il ne s'est guère éloigné du bon goût que quand il a voulu plaisanter, Tom. 3. p. 305. en parlant de Cyrus. Aussi-tôt, dit-il, on équipe le petit Cyrus en Echanson: il s'avance gravement la serviette sur l'épaule & tenant la Coupe délicatement entre trois doigts; j'ai apréhendé, dit le petit Cyrus, que cette liqueur ne fût du poison. Comment cela? Oui, mon Papa. Et en un autre endroit, en parlant des Jeux qu'on peut permettre aux Enfans: Une bale, un balon, un sabot, sont fort de leur goût. Depuis le toit jusqu'à la Cave, tout parloit Latin chez Robert Etienne. Il seroit à souhaiter qu'on corrigeât ces mauvaises plaisanteries, dans la premiere Edition qu'on fera de ce Livre, si estimable d'ailleurs.

Quelques leçons à la Jeunesse ;
Et, quoiqu'en Robe, on l'écoutoit,
Chose assez rare à son espèce.
Près de-là dans un Cabinet,
Que Girardon & le Puget (15)
Embellissoient de leur sculpture,
Le Poussin sagement peignoit (16),
Le Brun fiérement dessinoit (17),

Le

(15) Girardon mettoit dans ses Statues plus de grace, & Puget plus d'expression. Les Bains d'Apollon sont de Girardon ; mais il n'a pas fait les Chevaux, ils sont de Marsy, Sculpteur digne d'avoir mêlé ses travaux avec Girardon. Le Milon & le Gladiateur sont de Puget.

(16) Le Poussin, né aux Andelis en 1594. n'eût de Maître que son génie & quelques Estampes de Raphaël, qui lui tombérent entre les mains. Le desir de consulter la belle Nature dans les Antiques le fit aller à Rome, malgré les obstacles qu'une extrême pauvreté mettoit à ce Voyage. Il y fit beaucoup de Chefs-d'œuvres, qu'il ne vendoit que sept Ecus pièce. Appellé en France par le Secrétaire d'Etat Desnoyers, il y établit le bon goût de la Peinture ; mais persécuté par ses envieux, il s'en retourna à Rome, où il mourut avec une grande réputation, & sans fortune. Il a sacrifié le Coloris à toutes les autres parties de la Peinture. Ses Sacrements sont trop gris ; cependant il y a dans le Cabinet de Mr. le Duc d'Orléans un Ravissement de saint Paul, du Poussin, qui fait pendant avec la Vision d'Ezéchiel, & de Raphaël, & qui est d'un Coloris assez fort. Ce Tableau n'est déparé du tout par celui de Raphaël, & on les voit tous deux avec un égal plaisir.

(17) Le Brun Disciple de Nouet n'a péché que
dans

Le Sueur entre eux se plaçoit (18).
On l'y regardoit sans murmure ;
Et le Dieu qui de l'œil suivoit
Les traits de leur main libre & sûre,
En les admirant se plaignoit,
De voir qu'à leur docte peinture,
Malgré leurs efforts, il manquoit
Le Coloris de la Nature.
Sous ses yeux des Amours badins
Ranimoient ces touches savantes,
Avec un pinceau que leurs mains
Trempoient dans les couleurs brillantes
De la palette de Rubens (19).
 C'est ce Dieu qu'implore & révére

dans le Coloris. Son Tableau de la Famille d'Alexandre est beaucoup mieux coloré que ses Batailles. Ce Peintre n'a pas un si grand goût de l'Antique que le Poussin & Raphaël ; mais il a autant d'invention que Raphaël, & plus de vivacité que le Poussin. Les Estampes des Batailles d'Aléxandre sont plus recherchées que celles des Batailles de Constantin par Raphaël & par Jules Romain.

(18) Eustache le Sueur étoit un excellent Peintre, quoiqu'il n'eût point été en Italie. Tout ce qu'il a fait étoit dans le grand goût ; mais il manquoit encore de beaux Coloris.

Ces trois Peintres sont à la tête de l'Ecole Françaife.

(19) Rubens égale le Titien pour le Coloris ; mais il est fort au-dessous de nos Peintres Français pour la correction du dessein.

Toute la Troupe des Acteurs,
Qui repréſentent ſur la Terre,
Et ceux qui viennent dans la Chaire
Endormir leurs chers Auditeurs,
Et ceux qui livrent les Auteurs
Aux ſifflets bruyans du Parterre.

Je fus fort étonné de ne pas trouver dans le Sanctuaire bien des gens qui paſſoient, il y a ſoixante ou quatre-vingt ans, pour être les plus chers Favoris du Dieu du Goût. Les Pavillons, les Benſérades, les Péliſſons, les Segrais (20), les St. Evremont, les Balzacs, les Voitures, ne me parurent pas occuper les premiers rangs. Ils les avoient autrefois, me dit

(20) Segrais eſt un Poëte très foible ; on ne lit point ſes Eglogues, quoique Boileau les ait vantées. Son Enéïde eſt écrite du ſtile de Chapelain. Il y a un Opéra de lui. C'eſt Rolland & Angélique, ſous le titre de l'Amour guéri par le Tems. On voit ces Vers dans le Prologue.

  Pour couronner leur tête
   En cette Fête,
 Allons dans nos Jardins,
  Avec les Lys de Charlemagne
   Aſſembler les Jaſmins
  Qui parfument l'Eſpagne.

La Zaïde eſt un Roman purement écrit, & entre les mains de tout le monde ; mais il n'eſt pas de lui.

dit un de mes Guides, ils brilloient avant que les beaux jours des Belles-Lettres fussent arrivés; mais peu à peu ils ont cédé aux véritablement Grands Hommes. Ils ne sont plus ici qu'une assez médiocre figure. En effet, la plûpart n'avoient guère que de l'esprit de leur tems, & non cet esprit qui passe à la derniére Postérité.

Déja de leurs foibles Ecrits
Beaucoup de graces sont ternies:
Ils sont comptés encor au rang des Beaux-Esprits;
Mais exclus du rang des Génies.

Segrais voulut un jour entrer dans le Sanctuaire en recitant ce Vers de Despréaux,

Que Segrais dans l'Eglogue en charme les Forêts.

Mais la Critique ayant lu, par malheur pour lui, quelques pages de son Enéïde en Vers Français, le renvoya assez durement, & laissa venir à sa place Me. *de la Fayette* (21), qui avoit mis

___
(21) Voici ce que Mr. *Huet* Evêque d'Avranches rapporte, p. 204. de ses Commentaires, Edition d'Amsterdam. Me. *de la Fayette* négligea si fort la gloire qu'elle méritoit, qu'elle laissa sa *Zaide* paroître sous le nom de
B 3   *Segrais.*

mis fous le nom de Segrais le Roman aimable de Zaïde, & celui de la Princesse de Clèves.

On ne pardonne pas à Pélisson, d'avoir dit gravement tant de puérilités dans son Histoire de l'Academie Françaife, & d'avoir rapporté comme des Bons-mots des Sottises bien groffiéres (22). Le doux, mais foible Pavillon,

Segrais; & lorfque j'eus rapporté cette Anecdote, quelques Amis de Segrais, qui ne favoient pas la vérité, fe plaignirent de ce trait, comme d'un outrage fait à fa mémoire. Mais c'étoit un fait dont j'avois été long-tems témoin oculaire, & c'est ce que je fuis en état de prouver, par plufieurs Lettres de Me. de la Fayette, & par l'Original du Manufcrit de Zaïde, dont elle m'envoyoit les feuilles à mefure qu'elle les compofoit.

(22) Voici ce que Pélisson rapporte comme des Bons-mots. Sur ce qu'on parloit de marier Voiture, fils d'un Marchand de Vin, à la fille d'un Pourvoyeur de chez le Roi.

 O que ce beau couple d'Amans

 Va goûter de contentemens!

 Que leurs délices feront grandes,

 Ils feront toujours en Feftin;

 Car fi la Prou fournit les Viandes

 Voiture fournira le Vin!

Il ajoute que Madame Desloges jouant au jeu des Proverbes dit à Voiture: celui-ci ne vaut rien, percez-nous-en d'un autre. Son Hiftoire de l'Académie eft remplie de pareilles minuties, écrites languiffamment; & ceux qui lifent ce Livre fans prévention, font bien étonnez de la réputation qu'il a eue; mais il y avoit alors quarante Perfonnes à le louer.

DU GOUST.

lon, fait la cour humblement à Madame Deshouliéres. L'inégal Saint Evremont (23) n'ose parler de Vers à personne. Balzac assomme de longues phrases hyperboliques. Voiture (24) & Benserade lui répondent par des pointes & des jeux de mots, dont ils rougissent eux-mêmes le moment d'après. Je cherchois le fameux Comte de Bussy. Me. de Sévigné, qui est aimée de tous ceux qui habitent le Temple, me dit que son cher Cousin, homme de beaucoup d'esprit, mais un peu trop vain, n'avoit jamais pu réussir à donner au Dieu du Goût toute la bonne opinion que le Comte de Bussy avoit de Messire Roger de Rabutin.

Bussy

(23) On sait à quel point Saint Evremont étoit mauvais Poëte. Ses Comédies sont encore plus mauvaises. Cependant il avoit tant de réputation, qu'on lui offrit cinq cens Louïs pour imprimer sa Comédie de *Sir Politick*.

(24) Voiture est celui de tous les Illustres du tems passé qui eut le plus de gloire ; & celui dont les Ouvrages le méritent le moins, si vous en exceptez quatre ou cinq petites Piéces de Vers, & peut-être autant de Lettres. Il passoit pour écrire des Lettres mieux que Pline, & ses Lettres ne valent guère mieux que celles de le Pays & de Boursaut. Voici quelques-uns de ses traits : » Lorsque vous me déchirez le cœur, &
» que vous le mettez en mille pièces, il n'y en a pas
» une qui ne soit à vous, & un de vos souris confit
» mes plus améres douleurs. Le regret de ne vous plus
» voir me coûte, sans mentir, plus de cent mille lar-
» mes.

Bussy qui s'estime & qui s'aime,
Jusqu'au point d'en être ennuyeux
Est censuré dans ces beaux Lieux,
Pour avoir d'un ton glorieux
Parlé si souvent de lui-même (25).

Mais

» mes. Sans mentir, je vous conseille de vous faire
» Roi de Madére. Imaginez-vous le plaisir d'avoir un
» Royaume tout de Sucre. A dire le vrai, nous y vi-
» vrions avec beaucoup de douceur. «

Il écrit à Chapelain : » Et notez quand il me vient
» en la pensée, que c'est au plus judicieux Homme de
» notre Siècle, au Pere de la Lionne & de la Pucelle
» que j'écris, les cheveux me dressent si fort à la tête,
» qu'il semble d'un Hérisson. «

Souvent rien n'est si plat que sa Poësie.

Nous trouvames près Sercotte,
Cas étrange & vrai pourtant,
Des Bœufs qu'on voyoit broutant,
Dessus le haut d'une Motte ;
Et plus bas quelques Cochons
Et bon nombre de Moutons.

Cependant Voiture a été admiré, parce qu'il est venu dans un tems où l'on commençoit à sortir de la Barbarie, & où l'on couroit après l'Esprit sans le connoître. Il est vrai que Despréaux l'a comparé à Horace ; mais Despréaux étoit alors fort jeune. Il payoit volontiers ce tribut à la réputation de Voiture, pour attaquer celle de Chapelain, qui passoit alors pour le plus grand Génie de l'Europe.

(25) Il écrivit au Roi : » Sire, un Homme comme
» moi qui a de la naissance, de l'esprit & du courage ....
» j'ai

Mais son Fils, son aimable Fils,
Dans le Temple est toujours admis,
Lui qui sans flatter, sans médire,
Toujours d'un aimable entretien,
Sans le croire parle aussi-bien
Que son pere croyoit écrire.
Je vis arriver en ce lieu
Le brillant Abbé de Chaulieu,
Qui chantoit en sortant de table.
Il osoit caresser le Dieu
D'un air familier, mais aimable.
Sa vive imagination
Prodiguoit dans sa douce yvresse
Des beautés sans correction (26),

» j'ai de la naissance, & l'on dit que j'ai de l'esprit pour
» faire estimer ce que je dis.

(26) L'Abbé de Chaulieu dans une Epître au Marquis de la Farre, connue dans le Public sous le titre du Déiste, dit :

J'ai vu de près le Styx, j'ai vû les Euménides,
Déja venoient frapper mes oreilles timides
Les affreux cris du chien de l'Empire des Morts.

Le moment d'après ; il fait le portrait d'un Confesseur, & parle du Dieu d'Israël dans une autre Piéce sur la Divinité.

D'un Dieu, moteur de tout, j'adore l'existence.
Ainsi l'on doit passer avec tranquilité
Les ans que nous départ l'aveugle Destinée.

Qui choquoient un peu la justesse,
Mais respiroient la passion.
 La Farre (27) avec plus de molesse,
En baissant sa Lyre d'un ton,
Chantoit auprès de sa Maîtresse
Quelques Vers sans précision,
Que le plaisir & la paresse
Dictoient à ce gros Céladon.
Auprès d'eux le vif Hamilton (28),
Toujours armé d'un trait qui blesse
Médisoit de l'Humaine Espèce
Et même d'un peu mieux, dit-on.
Le

On trouve dans ses Poësies beaucoup de contradictions pareilles. Il n'y a pas trois Piéces écrites avec une correction continuée, mais les beautés de sentiment & d'imagination qui y sont répandues en rachetent les défauts.

 L'Abbé de Chaulieu mourut en 1720. âge de près de quatre-vingt ans, avec beaucoup de courage d'esprit.

 (27) Le Marquis de la Farre, Auteur des Mémoires qui portent son nom, & de quelques Piéces de Poësie, qui respirent la douceur de ses mœurs, étoit encore plus aimable homme qu'aimable Poëte. Il est mort en 1718. ses Poësies sont imprimées à la suite des Œuvres de l'Abbé de Chaulieu son intime ami, avec une Préface très-partiale & pleine de défauts. Il étoit d'une grosseur remarquable.

 (28) Le Comte Antoine Hamilton, né à Caën en Normandie, a fait des Vers pleins de feu & de legéreté. Il étoit fort satirique.

Le Dieu aimoit fort ces Messieurs & surtout la Farre, qui ne se piquoit de rien, & qui même avertissoit son ami Chaulieu, de ne se croire que le premier des Poëtes négligés, & non pas le premier des bons Poëtes, comme l'Abbé s'en flattoit de bonne foi.

Ils faisoient conversation avec quelques-uns des plus aimables Hommes de leur tems. Ces entretiens n'ont ni l'affectation de l'Hôtel de Rambouillet (29), ni le tumulte qui régne parmi nos jeunes Etourdis.

On y sait fuir également
Le Précieux, le Pédantisme,
L'Air empesé du Syllogisme,
Et l'air fou de l'Emportement.
C'est-là qu'avec grace on allie
Le vrai Savoir à l'Enjoûment,
Et la Justesse à la Saillie.
L'Esprit en cent façons se plie :
On sait lancer, tendre, essuyer,
Des traits d'aimable raillerie ;
Le Bon-Sens, de peur d'ennuyer,
Se déguise en Plaisanterie.

Là se trouvoit Chapelle, ce Génie plus débauché

(29) Despréaux alla reciter ses Ouvrages à l'Hôtel de Rambouillet ; il y trouva Chapelain, Cotin & quelques gens de pareil goût ; qui le reçurent fort mal.

B 6

bauché que délicat, plus naturel que poli, facile dans les Vers, incorrect dans son stile, libre dans ses idées. Il parloit toujours au Dieu du Goût, sur les mêmes rimes. On dit que ce Dieu lui répondit un jour :

 Réglez mieux votre passion
 Pour ces syllabes enfilées,
 Qui chez Richelet étalées,
 Bien souvent sans invention,
 Disent avec profusion,
 Des riens en rimes redoublées.

Parmi ces gens d'esprit, nous trouvames quelques Jésuites. Un Janséniste dira que les Jésuites se fourrent par-tout ; mais le Dieu du Goût reçoit aussi leurs Ennemis, & il est assez plaisant de voir dans ce Temple, Bourdaloue qui s'entretient avec Pascal sur le grand Art de joindre l'Eloquence au Raisonnement. Le P. Bouhours est derriére eux, marquant sur des Tablettes toutes les fautes de langage, & toutes les négligences qui leurs échappent.

Le Cardinal ne pût s'empecher de dire au Pere Bouhours :

 Quittez d'un Censeur pointilleux
 La pédantesque diligence,
 Aimons jusqu'aux défauts heureux
 De leur mâle & libre éloquence.

J'aime

J'aime mieux errer avec eux,
Que d'aller, Censeur scrupuleux,
Peser des mots dans ma balance.

Cela fut dit avec beaucoup plus de politesse que je ne le rapporte ; mais nous autres Poëtes, nous sommes souvent très-impolis, pour la commodité de la rime.

Je ne m'arrêtai pas dans ce Temple à voir les seuls Beaux-Esprits.

Vers enchanteurs, exacte Prose,
Je ne me borne point à vous ;
N'avoir qu'un goût est peu de chose ;
Beaux-Arts, je vous invoque tous.
Musique, Danse, Architecture,
Art de graver, docte Peinture,
Que vous m'inspirez de desirs !
Beaux-Arts, vous êtes des plaisirs,
Il n'en est point qu'on doive exclure.

Je vis les Muses presenter tour à tour sur l'Autel du Dieu, des Livres, des Desseins, & des Plans de toute espèce. On voit sur cet Autel le Plan de cette belle façade du Louvre, dont on n'est point redevable au Cavalier Bernin, qu'on fit venir inutilement en France avec tant de frais ; & qui fut construite par Perault & par Louïs le Vau, grands Artistes trop peu connus. Là est le Dessein de la Porte

te Saint Denis, dont la plûpart des Parisiens ne connoissent pas plus la beauté, que le nom de François Blondel, qui acheva ce Monument. Cette admirable Fontaine (30) qu'on remarque si peu, & qui est ornée des précieuses sculptures de Jean Gourgeon. Le Portail de Saint Gervais, Chef-d'œuvre d'Architecture, à qui il manque une Eglise, une place, & des admirateurs, & qui dévroit immortaliser le nom de Desbrosses, encore plus que le Palais Luxembourg qu'il a aussi bâti. Tous ces beaux Monumens négligés par nous, attirent souvent les regards du Dieu.

On nous fit voir ensuite la Bibliothéque de ce Palais enchanté. Elle n'étoit pas ample. On croira bien que nous n'y trouvames pas

 L'amas curieux & bizarre
 De vieux Manuscrits vermoulus,
 Et la suite inutile & rare
 D'Ecrivains qu'on n'a jamais sus.
 Mais les Muses ont elles-mêmes
 En leur rang placé ces Auteurs,
 Qu'on lit, qu'on estime & qu'on aime,
 Et dont la sagesse suprême
 N'a ni trop, ni trop peu de fleurs.

Presque tous les Livres y sont corrigés, &
retran-

(30) La Fontaine Saint Innocent.

retranchés de la main des Muses. On y voit, entre autres l'Ouvrage de Rabelais, réduit tout au plus à un demi quart.

Marot, qui n'a qu'un stile, & qui chante du même ton les Psaumes de David & les Merveilles d'Alix, n'a plus que sept ou huit feuillets. Voiture & Sarrazin, n'ont pas à eux deux plus de 60 pages.

Tout l'esprit de Bayle se trouve dans un seul Tome, de son propre aveu; car ce judicieux Philosophe, en Juge éclairé de tant d'Auteurs & de tant de Sectes, disoit souvent qu'il n'auroit pas composé plus d'un *in-folio*, s'il n'avoit écrit que pour lui, & non pour des Libraires.

Enfin l'on nous fit passer dans l'intérieur du Sanctuaire. Là les Mystères du Dieu furent dévoilés. Là je vis ce qui doit servir d'exemple à la postérité. Un petit nombre de véritablement grands Hommes, y faisoient ce qu'ils n'avoient point fait dans leur vie; ils voyoient & corrigeoient leurs fautes.

L'Aimable Auteur du Télémaque retranchoit des répétitions & des détails inutiles dans son Roman Moral, & rayoit le Titre de Poëme Epique, que quelques Zélés indiscrets lui donnent; car il avoue sincérement qu'il n'y a point de Poëme en Prose.

Et l'éloquent Bossuet vouloit bien rayer quelques familiarités échappées à son génie vaste, impétueux & facile, lesquelles déparent un
peu

peu la sublimité de ses Oraisons Funébres : & il est à remarquer qu'il ne garantit point tout ce qu'il a dit de la prétendue sagesse des anciens Egyptiens.

 Ce grand & sublime Corneille,
Qui plut bien moins à notre oreille
Qu'à notre esprit qu'il étonna :
Ce Corneille qui crayonna (31)
L'ame d'Auguste, de Cinna,
De Pompée & de Cornélie :
Jettoit au feu sa Pulchérie
Agésilas & Suréna :
Et sacrifioit, sans foiblesse,
Tous ces Enfans infortunés,
Fruits languissans de sa vieillesse,
Trop indignes de leurs Aînés.
 Plus pur, plus élégant, plus tendre,
Et parlant au cœur de plus près,
Nous attachant sans nous surprendre
Et ne se démentant jamais,
Racine observe les Portraits
De Bajazet, de Xipharès,
De Britannicus, d'Hippolite :
A peine il distingue leurs traits,

          Ils

(31) Terme dont Corneille se sert dans une de ses Epitres.

Ils ont tous le même mérite :
Tendres galants, doux & discrets,
L'Amour qui marche à leur suite
Les croit des Courtisans Français.
Toi, Favori de la Nature,
Toi, la Fontaine, Auteur charmant,
Qui bravant & rime & mesure,
Si négligé dans ta parure,
N'en avoit que plus d'agrément :
Sur tes Ecrits inimitables,
Dis-nous quel est ton sentiment ;
Eclaire notre jugement
Sur tes Contes, & sur tes Fables.

La Fontaine qui avoit conservé la naïveté de son caractère, & qui dans le Temple du Goût, joignoit un sentiment éclairé à cet heureux & singulier instinct qui l'inspiroit pendant sa vie, retranchoit quelques-unes de ses Fables ; mais en très-petite quantité. Il acourcissoit presque tous ses Contes, & déchiroit les trois quarts d'un gros Recueil d'Œuvres posthumes, imprimé par ces Editeurs qui vivent des sottises des Morts.

Là régnoit Despréaux, leur Maître en l'Art d'écrire,
Lui qu'arma la Raison des traits de la Satire ;
Qui, donnant le Précepte & l'exemple à la fois,
Etablit d'Apollon les rigoureuses Loix

Il revoit ses Enfans avec un œil sévère,
De la triste *Equivoque*, il rougit d'être Pere,
Et rit des traits manqués du pinceau foible & dur,
Dont il défigura le Vainqueur de Namur.
Lui-même il les efface, & semble encor nous dire,
Ou sachez vous connoître, ou gardez-vous d'écrire.

   Despréaux par un ordre exprès du Dieu du Goût, se réconcilioit avec Quinault, qui est le Poëte des Graces, comme Despréaux est le Poëte de la Raison;

   Mais le sévère Satirique
   Embrassoit encor en grondant
   Cet aimable & tendre Lyrique,
   Qui lui pardonnoit en riant.

   Je ne me réconcilie point avec vous, disoit Despréaux, que vous ne conveniés qu'il y a bien des fadeurs dans ces Opéra si agréables. Cela peut bien être, dit Quinault; mais avouez aussi, que vous n'eussiez jamais fait Atys, ni Armide.

   Dans vos scrupuleuses beautés
   Soyez vrai, précis, raisonnable,
   Que vos Ecrits soient respectés;
   Mais permettez-moi d'être aimable.

   Après avoir salué Despréaux & embrassé tendrement Quinault, je vis l'inimitable Moliére & j'osai lui dire:

L'élé-

L'élégant, mais le froid Térence,
Fut le premier des Traducteurs;
Tu fus le Peintre de nos Mœurs,
De l'Univers & de la France.
Nos Bourgeois à sots préjugés,
Nos petits Marquis rengorgés,
Nos Robins toujours arrangés,
Chez toi venoient se reconnoître;
Et tu les aurois corrigés
Si l'Esprit humain pouvoit l'être.

Ah! disoit-il, pourquoi ai-je été forcé d'écrire quelquefois pour le Peuple ! Que n'ai-je toujours été le maître de mon tems ! J'aurois trouvé des Dénouements plus heureux, & j'aurois moins abaissé mon génie au bas Comique.

C'est ainsi que tous ces Maîtres de l'Art montroient leur supériorité, en avouant ces erreurs auxquelles l'humanité est soumise, & dont nul grand Homme n'est exempt.

Je connus alors que le Dieu du Goût est très-difficile à satisfaire; mais qu'il n'aime point à demi. Je vis que les Ouvrages qu'il critique le plus en détail, sont ceux qui en tout lui plaisent davantage.

Nul Auteur avec lui n'a tort,
Quand il a trouvé l'Art de plaire :
Il le critique sans colére,
Il l'applaudit avec transport.

Melpo-

Melpomène étalant ses charmes
Vient lui presenter ses Héros,
Et c'est en répandant des larmes
Que ce Dieu connoît leurs défauts.
Malheureux qui toujours raisonne,
Et qui ne s'attendrit jamais !
Dieu du Goût, ton divin Palais
Est un séjour qu'il abandonne.

Quand mes conducteurs s'en retournérent, le Dieu leur parla, à peu près dans ce sens ; car il ne m'est pas donné de dire ses propres mots.

Adieu, mes plus chers Favoris.
Comblez des faveurs du Parnasse,
Ne souffrez pas que dans Paris
Mon Rival usurpe ma place.
Il sait qu'à vos yeux éclairez
Le Faux-Goût tremble de paroître,
Si jamais vous le rencontrez
Il est aisé de le connoître.
Toujours accablé d'ornemens,
Composant sa voix, son visage,
Affecté dans ses agrémens,
Et précieux dans son langage.
Il prend mon Nom, mon Etendart ;
Mais on voit assez l'imposture ;
Car il n'est que le Fils de l'Art,
Moi, je le suis de la Nature.

ODE

ODE
SUR LA
SUPERSTITION.

HARMANTE & sublime Emilie,
Amante de la Vérité,
Ta solide Philosophie
T'a prouvé la Divinité.
Tu connois cet Etre Suprême,
Dans ton Cœur est sa bonté même,
Dans ton Esprit est sa grandeur;
Tu parois son plus bel Ouvrage,
Et tu lui rends un digne hommage,
Exempt de foiblesse & d'erreur.

Mais si les traits de l'Athéïsme
Sont repoussez par ta Raison,
De la Coupe du Fanatisme
Ta main renverse le poison.

Tu sers la Justice éternelle,
Sans l'âcreté de ce faux zèle
De tant de Dévots malfaisans ;
Tel qu'un Sujet sincère & juste,
Sait approcher d'un Trône auguste,
Sans les vices des Courtisans.

Ce Fanatisme sacrilège,
Est sorti du sein des Autels ;
Il les profane, il les assiége,
Il en écarte les Mortels.
O Religion bienfaisante !
Ce farouche Ennemi se vante
D'être né dans ton chaste flanc ;
Mere tendre, mere adorable,
Croira-t-on qu'un Fils si coupable,
Ait été formé de ton sang ?

On a vu du moins des Athées
Sociables dans leurs erreurs;
Leurs opinions infectées
N'avoient point corrompu leurs mœurs;
Spinosa fut doux, simple, aimable;
Le Dieu que son esprit coupable

Avoit

Avoit follement combattu,
Prenant pitié de sa foiblesse,
Lui laissa l'humaine Sagesse,
Et les ombres de la Vertu.

Je sentirois quelque indulgence,
Pour un aveugle Audacieux,
Qui nieroit l'utile existence
De l'Astre qui brille à mes yeux.
Ignorer ton Etre Suprême,
Grand Dieu ! c'est un moindre blasphême,
Et moins digne de ton courroux,
Que de te croire impitoyable,
De nos malheurs insatiable,
Jaloux, injuste, comme nous.

Lorsqu'un Dévot atrabilaire,
Nourri de superstition
A par cette affreuse chimére
Corrompu sa Religion,
Son Ame alors est endurcie,
Sa raison s'enfuit obscurcie,
Rien n'a plus sur lui de pouvoir;
Sa Justice est folle & cruelle,

Il est dénaturé par zèle,
Et sacrilège par devoir.

Ce Sénat proscrit dans la France,
Cette infâme Inquisition,
Ce Tribunal où l'ignorance
Traîna si souvent la Raison ;
Cette troupe folle, inhumaine,
Qui tient le Bon-Sens à la gêne,
Et l'innocence dans les fers,
Par son zèle absurde aveuglée,
Osa condamner Galilée,
Pour avoir connu l'Univers.

Ecoutez ce signal terrible,
Qu'on vient de donner dans Paris ;
Regardez ce carnage horrible,
Entendez ces lugubres cris.
Le frere est teint du sang du frere,
Le fils assassine son pere,
La femme égorge son époux,
Leurs bras sont armés par les Prêtres.
O Ciel ! sont-ce-là les Ancêtres
De ce Peuple leger & doux ?

Jansénistes

LA SUPERSTITION.

Janfénistes & Molinistes,
Vous qui combattez aujourd'hui,
Avec les raisons de Sophistes,
Leurs traits, leur bile & leur ennui,
Tremblez qu'enfin votre querelle,
Dans vos murs un jour ne rapelle
Ces tems de vertige & d'horreur ;
Craignez ce zèle qui vous presse,
On ne sent pas dans son yvresse
Jusqu'où peut aller sa fureur.

Enfans ingrats d'un même pere,
Si vous prétendez le servir,
Si vous aspirez à lui plaire,
Est-ce à force de vous haïr ?
Est-ce en déchirant l'héritage,
Qu'un Pere si tendre & si sage,
Du haut des Cieux nous a transmis ?
L'amour étoit votre partage,
Cruels auriez-vous plus de rage,
Si vous étiez nez ennemis ?

Malheureux, voulez-vous entendre
La Loi de la Religion ?
Dans Marseille il falloit l'apprendre,
Au sein de la contagion ;
Lorsque la tombe étoit ouverte,
Lorsque la Provence couverte
Par les semences du trépas,
Pleurant ses Villes désolées,
Et ses Campagnes dépeuplées,
Fit trembler tant d'autres Etats.

Belzuns, ce Pasteur vénérable,
Sauvoit son Peuple périssant ;
Langeron, Guerrier secourable,
Bravoit un trépas renaissant,
Tandis que vos lâches Cabales,
Dans la molesse & les scandales,
Occupoient votre oisiveté,
Par la dispute ridicule
Et sur Quênel & sur la Bulle,
Qu'oubliera la Postérité.

LA SUPERSTITION.

Dans votre pédantesque audace,
Digne de votre Faux-Savoir,
Vous argumentez sur la Grace,
Et vous êtes loin de l'avoir.
Un ignorant, qui de son frere
Soulage en secret la misére,
Qui fuit la Cour & les Flatteurs,
Doux, Clément, sans être timide,
Voilà mon Apôtre & mon Guide,
Les autres sont des Imposteurs.

ODE
SUR
LA PAIX.

I.

'Etna renferme le tonnerre,
Dans ses épouventables flancs;
Il vomit le feu sur la Terre,
Il devore ses habitans.
Ah ! fuyez, Nimphes gémissantes,
Ces Campagnes toujours brûlantes,
Ces abîmes toujours ouverts,
Ces torrens de flamme & de souffre,
Echappés du sein de ce Goufre,
Qui touche aux voutes des Enfers.

II.

Plus terrible dans ses ravages,
Plus fier dans ses débordemens,
Le Pô renverse ses rivages,
Cachés sous ses flots écumans :

Avec

Avec lui marchent la ruïne,
L'effroi, la douleur, la famine,
La mort, les désolations ;
Et vers les fanges de Ferrare,
Il entraîne à la Mer avare
Les dépouilles des Nations.

III.

Mais ces débordemens de l'Onde,
Et ces combats des Elémens,
Et ces secousses, qui du Monde
Ont ébranlé les fondemens ;
Fleaux que le Ciel en colére,
Sur ce malheureux Hémisphére
A fait éclater tant de fois,
Sont moins affreux, sont moins sinistres,
Que l'Ambition des Ministres,
Et que les Discordes des Rois.

IV.

Que de Nations fortunées
Reposoient au Sein des Beaux-Arts,
Avant qu'au haut des Pyrenées
Tonnât la trompette de Mars !
Des Jeux la troupe enchanteresse,
Les Plaisirs, les Chants d'allegresse,

Régnoient dans nos brillans Palais,
Tandis que les Flutes champêtres,
Mollement à l'ombre des Hêtres,
Vantoient les charmes de la Paix.

V.

Paix aimable, éternel partage
Des heureux habitans des Cieux,
Vous étiez l'unique avantage
Qui pouviez nous approcher d'eux !
Le Tigre acharné sur sa proye,
Sent d'une impitoyable joye
Son ame horrible s'enflammer;
Notre cœur n'est point né sauvage,
Grand Dieu ! si l'homme est votre image,
C'est qu'il étoit fait pour aimer.

VI.

De l'Inde, aux bornes de la France,
Le Soleil, en son vaste tour,
Ne voit qu'une Famille immense
Que devoit gouverner l'Amour.
Mortels, vous êtes tous des Fréres,
Jettez ces armes mercenaires;
Que cherchez-vous dans les combats ?
Quels biens poursuit votre imprudence ?

En aurez-vous la jouïssance
Dans l'horrible nuit du trépas?

VII.

O superbe, ô triste Italie,
Que tu plains ta fécondité!
Sous les débris ensévelie,
Que tu déplores ta beauté!
Je vois tes moissons devorées
Par les Nations conjurées,
Qui te flattoient de te vanger;
Foible, désolée, expirante,
Tu combats d'une main tremblante,
Pour le choix d'un Maître étranger.

VIII.

Que toujours armez pour la Guerre,
Nos Rois soient les Dieux de la Paix,
Que leurs mains portent le tonnerre,
Sans se plaire à lancer ses traits!
Nous chérissons un Berger sage,
Qui dans un heureux pâturage
Unit les Troupeaux sous ses loix;
Malheur au Pasteur sanguinaire,
Qui les expose en téméraire
A la dent des Tyrans des Bois!

IX.

Eh, que m'importe la Victoire
D'un Roi qui me perce le flanc,
D'un Roi dont j'achete la gloire
De ma fortune ou de mon sang ?
Quoi ! dans l'horreur de l'indigence,
Dans les langueurs, dans la souffrance,
Mes jours seront-ils plus serains,
Quand on m'apprendra que nos Princes,
Aux Frontiéres de nos Provinces,
Nagent dans le sang des Germains?

X.

Colbert, toi qui dans ta Patrie,
Amenas les Arts & les Jeux ;
Colbert, ton heureuse industrie
Sera plus chére à nos neveux,
Que la vigilance infléxible
De Louvois, dont la main terrible
Embrasoit le Palatinat,
Et qui sous la Mer irritée,
De la Hollande épouventée
Vouloit anéantir l'Etat.

XI.

Que Louïs, jusqu'au dernier âge,
Soit honoré du nom de GRAND;
Mais que ce nom s'accorde au Sage,
Qu'on le refuse au Conquérant.
C'est dans la Paix que je l'admire,
C'est dans la Paix que son Empire,
Fleurissoit sous ses justes loix,
Quand son Peuple aimable & fidèle
Fut des Peuples l'heureux modèle,
Et lui le modèle des Rois.

EPITRE
A
L'ABBÉ DE CHAULIEU.

De Sulli le 15. Juillet 1716.

Vous, l'Anacréon du Temple,
A vous, le Sage si vanté,
Qui nous prêchez la volupté.
Par vos vers & par votre exemple ;
Vous, dont le Chant délicieux,
Quand la goute au lit vous condamne,
Rend des sons aussi gracieux,
Que quand vous chantez la Torane,
Assis à la table des Dieux.

C'est ici que Chapelle a demeuré deux ans de suite. Je voudrois bien qu'il eût laissé dans ce Château un peu de son génie : cela accommoderoit fort ceux qui veulent vous écrire; mais comme on prétend qu'il vous l'a laissé tout entier, j'ai été obligé d'avoir recours à la Magie dont vous m'avez tant parlé.

Et

Et dans une Tour assez sombre
Du Château qu'habita jadis
Le plus leger des Beaux-Esprits,
Un beau soir j'évoquai son Ombre.
Aux Déïtez des sombres Lieux
Je ne fis point de sacrifice,
Comme ces Fripons qui des Dieux
Chantoient autrefois le Service ;
Ou la Sorciére Pythonisse,
Dont la grimace & l'artifice
Avoient fait dresser les cheveux
A ce sot Prince des Hébreux,
Qui crut bonnement que le Diable,
D'un certain Grand-Prêtre ennuyeux
Lui montroit le Spectre effroyable.
Il n'y faut point tant de façon
Pour une ombre aimable & legére ;
C'est bien assez d'une Chanson,
Et c'est tout ce que je puis faire.
Je dis à peu près sur ce ton :
Eh, de grace, Monsieur Chapelle,
Quittez le Manoir de Pluton,
Pour cet enfant qui vous appelle.
Mais non, sur la voute éternelle
Les Dieux vous ont reçû, dit-on,
Et vous ont mis entre Apollon
Et le Fils jouflu de Semèle ;
Du Haut de ce divin Canton

Descendez, aimable Chapelle.
    Cette familiére Oraison
Dans la demeure fortunée
Reçut quelque approbation;
Car enfin, quoique mal tournée,
Elle étoit faite en votre nom.
Chapelle vint. A son approche
Je sentis un respect soudain;
Car il avoit sa Lyre en main,
Et son Lucrèce dans sa poche.
Il s'appuyoit sur Bachaumon,
Qui lui servit de Compagnon
Dans le recit de ce Voyage,
Qui du plus charmant badinage,
Fut la plus charmante leçon.

Je lui demandai comme il s'y prenoit autrefois dans le Monde,

Pour chanter toujours sur la Lyre,
Ces Vers aisés, ces Vers coulans,
De la Nature heureux Enfans,
Où l'Art ne trouve rien à dire.
L'Amour, me dit-il, & le Vin
Autrefois me firent connoître
Les graces de cet Art divin;
Puis à Chaulieu l'Epicurien
Je servis quelque-tems de Maître,
Il faut que Chaulieu soit le tien.

EPITRE

EPITRE
A Mr. LE DUC
DE SULLI

A Paris le 18. Août 1720.

'IRAI chez vous, Duc adorable,
Vous, dont le goût, la vérité,
L'esprit, la candeur, la bonté,
Et la douceur inaltérable,
Font respecter la volupté,
Et rendent la sagesse aimable.
Que dans votre charmant séjour,
Je me fais un plaisir extrême
De parler sur la fin du jour
De vers, de musique, d'amour,
Et pas un seul mot du Systême (*).
Peut-être les larmes aux yeux
Je vous apprendrai pour nouvelle,
Le trépas de ce vieux gouteux,
Qu'anima l'esprit de Chapelle ;

L'éter-

(*) Le Systême de Mr. Law, qui bouleversa la France en 1721.

L'éternel Abbé de Chaulieu
Paroîtra bien-tôt devant Dieu;
Et si d'une Muse féconde,
Les Vers aimables & polis
Sauvent une Ame en l'autre Monde,
Il ira droit en Paradis.
L'autre jour à son agonie,
Son Curé vint, de grand matin,
Lui donner en cérémonie,
Avec son huile & son Latin,
Un passeport pour l'autre vie.
Il vit tous ses péchez lavés
D'un petit mot de pénitence,
Et reçut ce que vous savez,
Avec beaucoup de bienséance.
Il fit même un très-beau Sermon
Qui satisfit tout l'Auditoire;
Tout haut il demanda pardon
D'avoir eu trop de vaine-gloire.
C'étoit-là, dit-il, le péché,
Dont il fut le plus entiché;
Car on sait qu'il étoit Poëte,
Et que sur ce point tout Auteur,
Ainsi que tout Prédicateur,
N'a jamais eu l'ame bien nette.
Il sera pourtant regretté,
Comme s'il eut été modeste.
Sa perte au Parnasse est funeste,

Presque seul il étoit resté,
D'un Siècle plein de politesse.
Hélas ! aujourd'hui la Jeunesse
A fait à la délicatesse
Succéder la grossiéreté,
La débauche à la volupté ;
Et la vaine & lâche paresse
A cette sage oisiveté,
Que l'étude occupoit sans cesse.
Pour notre petit Génonville,
Si digne du Siècle passé
Et des Faiseurs de Vaudeville,
Il me paroît très-empressé
D'abandonner pour vous la Ville.
Le Systême n'a point gâté
Son esprit aimable & facile ;
Il a toujours le même stile,
Et toujours la même gaîté.
Je sai que par déloyauté
Le fripon n'aguère a tâté
De la Maîtresse tant jolie
Dont j'étois si fort entêté.
Un autre eût pu s'en courroucer ;
Mais je sai qu'il faut se passer
Des bagatelles dans la vie.

EPITRE

EPITRE
A MONSIEUR
DE GÉNONVILLE.

E me soupçonne point de cette vanité,
Qu'a notre ami Chaulieu de parler de lui-
même,
Et laissez-moi jouïr de la douceur extrême
De t'ouvrir avec liberté
Un cœur qui te plaît & qui t'aime.
De ma Muse en mes premiers ans
Tu vis les tendres fruits imprudemment (*) éclore,
Tu vis la Calomnie avec ses noirs Serpens,
Des plus beaux jours de mon Printems
Obscurcir la naissante Aurore ;
D'une injuste prison (†) je subis la rigueur ;
Mais au moins de mon malheur

Je

(*) Mr. de la Faluère de Génonville étoit l'ami intime de Mr. de Voltaire ; ils avoient été élevés ensemble.
(†) L'Auteur avoit été mis à la Bastille à l'âge de dix-neuf ans, sur le faux rapport d'un espion.

EPITRE A Mr. DE GENONVILLE.

Je fus tirer quelque avantage ;
J'apris à m'endurcir contre l'adverfité,
   Et je me vis un courage,
Que je n'attendois pas de la legéreté
   Et des erreurs de mon jeune âge.
Dieux ! que n'ai-je eu depuis la même fermeté !
   Mais à de moindres allarmes
   Mon cœur n'a point réfifté.
Tu fais combien l'Amour m'a fait verfer de larmes;
   Fripon, tu le fais trop bien,
   Toi dont l'amoureufe adreffe
   M'ôta mon unique bien;
   Toi dont la délicateffe,
   Par un fentiment fort humain,
   Aima mieux ravir ma Maîtreffe,
   Que de la tenir de ma main.
Mais je t'aimai toujours, tout ingrat & vaurien,
Je te pardonnai tout avec un cœur chrétien,
Et ma facilité fit grace à ta foibleffe.
Hélas ! pourquoi parler encor de mes amours ?
Quelquefois ils ont fait le charme de ma vie,
   Aujourd'hui la maladie
En éteint le flambeau peut-être pour toujours.
De mes ans paffagers la trame eft racourcie,
Mes organes laffés font morts pour les plaifirs;
Mon cœur eft étonné de fe voir fans defirs.
   Dans cet état il ne me refte
Qu'un affemblage vain de fentimens confus,

Un Préfent douloureux, un Avenir funefte
Et l'affreux fouvenir d'un bonheur qui n'eft plus.
Pour comble de malheur, je fens de ma penfée
   Se déranger les refforts :
Mon efprit m'abandonne, & mon ame éclipfée
Perd en moi de fon être, & meurt avant mon corps.
Eft-ce-là ce rayon de l'effence fuprême
   Qu'on nous peint fi lumineux ?
Eft-ce-là cet Efprit furvivant à nous-même ?
Il naît avec nos Sens, croît, s'affoiblit comme eux.
   Hélas ! périroit-il de même ?

EPITRE
A MONSIEUR
LE MARÉCHAL
DE VILLARS.

E me flatois de l'espérance
D'aller goûter quelque repos
Dans votre Maison de plaisance ;
Mais Vinache a ma confiance,
Et j'ai donné la préférence,
Sur le plus grand de nos Héros,
Au plus grand Charlatan de France.
Ce discours vous déplaira fort,
Et je confesse que j'ai tort
De parler du soin de ma vie
A celui qui n'eut d'autre envie
Que de chercher par-tout la mort.
Mais souffrez que je vous réponde,
Sans m'attirer votre courroux,
Que j'ai plus de raison que vous
De vouloir rester dans ce monde.

Car si quelque coup de Canon
Dans vos beaux jours brillans de gloire
Vous eût envoyé chez Pluton,
Voyez la consolation
Que vous auriez dans la nuit noire,
Lorsque vous sauriez la façon
Dont vous auroit traité l'Histoire.
  Paris vous eût premiérement
Fait un service fort célèbre,
En présence du Parlement,
Et quelque Prélat ignorant
Auroit prononcé hardiment
Une longue Oraison funèbre
Qu'il n'eût pas faite assurément ;
Puis en vertueux Capitaine
On vous auroit proprement mis
Dans l'Eglise de St. Denis,
Entre du Guesclin, & Turenne.
Mais si quelque jour, moi chétif,
Je passois sur le noir Esquif,
Je n'aurois qu'une vile Biére ;
Deux Prêtres s'en iroient gaîment
Porter ma figure legére
Et la loger mesquinement
Dans un recoin de Cimetiére.
Mes Nièces au lieu de priére,
Et mon Janséniste de Frere,
Riroient à mon enterrement,

         Et

A Mr. DE VILLARS.

Et j'aurois l'honneur feulement
Que quelque Muſe médiſante
M'affubleroit pour monument
D'une Epitaphe impertinente.
   Vous voyez donc très-clairement
Qu'il eſt bon que je me conſerve,
Pour être encor témoin long-tems
De tous les exploits éclatans
Que le Seigneur Dieu vous réſerve.

A
MADLLE ***.

U commence par me louer,
Tu veux finir par me connoître,
Tu me loueras bien moins ; mais il faut t'avouer,
Ce que je suis, ce que je voudrois être.
J'aurai vu dans trois ans (*) passer quarante Hyvers,
Apollon présidoit au jour qui m'a vu naître,
Au sortir du Berceau j'ai béguayé des Vers :
Bien-tôt ce Dieu puissant m'ouvrit son Sanctuaire,
Mon cœur vaincu par lui se rangea sous sa Loi ;
D'autres ont fait des vers par le desir d'en faire,
Je fus Poëte malgré moi.

Tous les goûts à la fois sont entrés dans mon ame,
Tout Art a mon hommage, & tout plaisir m'enflame,

La

(*) Ecrit en 1730.

A MADlle ***.

La Peinture me charme, on me voit quelquefois
Au Palais de Philippe, ou dans celui des Rois,
Sous les efforts de l'Art admirer la Nature,
Du brillant Cagliari (*) saisir l'esprit divin,
Et devorer des yeux la touche noble & sûre
   De Raphaël & du Poussin.

De ces appartemens qu'anime la Peinture
Sur les pas du plaisir je vole à l'Opéra,
  J'aplaudis tout ce qui me touche ;
  La fertilité de Campra (†),
La gayeté de Mouret, les graces de Destouches,
Pélissier par son art, le More par sa voix (¶),
L'agile Camargé, Sallé l'enchanteresse,
Cette austére Sallé faite pour la tendresse,
Tour à tour ont mes vœux, & suspendent mon choix.

Quelquefois embrassant la science hardie,
  Que la curiosité
  Honora, par vanité,
  Du nom de Philosophie,
          Je

(*) Paul Véronèse.
(†) Fameux Musicien.
(¶) Actrices.

Je cours après Newton dans l'abîme des Cieux.
Je veux voir si des nuits la Courriére inégale
Par le pouvoir changeant d'une force centrale,
En gravitant vers nous s'approche de nos yeux,
Et pese d'autant plus, qu'elle est près de ces lieux
   Dans les limites d'un ovale.
J'en entends raisonner les plus profonds Esprits,
Maupertuis & Mairan, calculante Cabale,
Je les vois qui des Cieux franchissent l'intervale,
Et je vois quelquefois que j'ai très-peu compris.

※

De ces obscurités je passe à la Morale :
Je lis au cœur de l'Homme, & souvent j'en rougis:
J'examine avec soin les informes Ecrits,
Les Monumens épars & le stile énergique
De ce fameux Pascal, ce dévot Satirique:
Je vois ce rare Esprit trop prompt à s'enflâmer,
   Je combats ses rigueurs extrêmes ;
Il enseigne aux humains à se haïr eux-mêmes,
Je voudrois malgré lui leur apprendre à s'aimer.
Ainsi mes jours égaux que les Muses remplissent,
Sans soins, sans passion, sans préjugez fâcheux,
Commencent avec joye & vivement finissent
   Par des soupers délicieux.
L'Amour dans mes plaisirs ne mêle plus ses peines;
   Adieu Philis, adieu Climènes.

J'ai

A MADLLE ***.

J'ai quitté prudemment ce Dieu qui m'a quitté,
J'ai passé l'heureux tems fait pour la volupté.
Est-il donc vrai grands Dieux ? ne faut-il plus que
    j'aime ?
La foule des Beaux-Arts qui viennent tour à tour
    Remplir le vuide de moi-même,
N'est point encor assez pour remplacer l'amour.

LETTRE
A MADAME
LA COMTESSE
DE FONTAINE-MARTEL

Ô Très-singulière Martel,
J'ai pour vous estime profonde,
C'est dans votre petit Hôtel,
C'est sur vos bontés que je fonde
Mon plaisir, le seul bien réel,
Qu'un honnête homme ait en ce Monde.
Il est vrai qu'un peu je vous gronde,
Et que vous l'avez mérité,
Mais je vous trouve en vérité
Femme à peu de femmes seconde;
Car sous vos cornettes de nuit,
Sans préjugez & sans foiblesse,
Vous logez esprit qui séduit,
Et qui tient fort à la Sagesse.
Or votre Sagesse n'est pas
Cette pointilleuse harpie,

Qui raisonne sur tous les cas,
Et qui suivante de l'Envie,
Ouvrant un gosier édenté,
Contre la douce volupté,
Toujours prêche, argumente & crie;
Mais celle qui si doucement,
Sans effort & sans industrie,
Se bornant toute au sentiment
Sait jusqu'au dernier moment
Répandre un charme sur sa vie.
Voyez-vous pas de tous côtez
Force décrépites Beautez,
Pleurans de n'être plus aimables,
Dans leurs besoins de passion
S'affoler de dévotion,
Et rechercher l'ambition
D'être bégueules respectables?
Bien loin de cette sotte erreur,
Vous avez pour toutes Vigiles
Des Soupers longs, gais & tranquiles;
Des Vers aimables & faciles,
Au lieu des fatras inutiles
De Grenade & de le Tourneur,
Voltaire au lieu d'un Directeur;
Et pour mieux chasser toute angoisse,
Au Curé préférant Campra,
Vous avez loge à l'Opéra,
Au lieu de Banc dans la Paroisse.

Et ce qui rend mon sort plus doux,
C'est que ma Maîtresse chez vous
La Liberté se voit logée,
Cette Liberté mitigée,
A l'œil ouvert, au front serain,
A la démarche dégagée,
N'étant ni Prude ni Catin,
Décente, & jamais arrangée,
Souriant d'un souris humain,
A ces paroles chatouilleuses,
Qui font baisser un œil malin,
A mes Dames les précieuses.
Chez vous habite la gaîté,
Cette Sœur de la liberté,
Jamais aigre dans la satire,
Toujours vive dans les bons mots,
Se moquant quelquefois des Sots,
Et rarement, mais à propos,
Permettant les éclats de rire.
Que le Ciel benisse le cours
D'un sort aussi doux que le vôtre,
Martel l'Automne de vos jours
Vaut mieux que le Printems d'un autre.

EPITRE
A
MADAME DE ***
SUR
LA CALOMNIE.

Ecoutez-moi, respectable Emilie,
Vous êtes belle, ainsi donc la moitié
Du Genre-Humain sera votre ennemie :
Vous possédez un sublime génie,
On vous craindra, votre tendre amitié
Est confiante, & vous serez trahie :
Votre vertu, dans sa démarche unie,
Simple & sans fard, n'a point sacrifié
A nos Dévots, craignez la calomnie;
Attendez-vous, s'il vous plaît, dans la vie,
Aux traits malins que tout Fat à la Cour,
Par passe-tems souffre & rend tour à tour.
La Médisance est l'ame de ce Monde,
Elle y préside, & sa vertu féconde

Du plus Stupide échaufe les propos,
Rebut du Sage, elle est l'esprit des Sots :
En ricanant, cette maigre Furie
Va de sa langue épandre les venins
Sur tous états : mais trois sortes d'humains,
Plus que le reste alimens de l'Envie,
Sont exposés à sa dent de harpie ;
Les Beaux-Esprits, les Belles, & les Grands,
Sont de ces traits les objets différens.
Quiconque en France, avec éclat attire
L'œil du Public, est sûr de la satire ;
Un bon couplet, chez ce peuple falot,
De tout mérite est l'infaillible lot.
 La jeune Eglé de pompons couronnée,
Devant un Prêtre à minuit amenée,
Va dire un *oui*, d'un air tout ingénu,
A son mari qu'elle n'a jamais vu ;
Le lendemain en triomphe on la méne
Au Cours, au Bal, chez Bourbon, chez la Reine ;
Bien-tôt après, sans trop savoir comment,
Dans tout Paris, on lui donne un Amant.
Roy la chansonne, & son nom par la Ville
Court ajusté sur l'air d'un Vaudeville :
Eglé s'en meurt ; ses cris sont superflus.
Consolez-vous, Eglé, d'un tel outrage,
Vous pleurerez, hélas ! bien davantage,
Lorsque de vous on ne parlera plus.
 Et nommez-moi la Beauté, je vous prie,

De qui l'honneur fut toujours à couvert.
Lisez-moi Bayle à l'Article (*) Scomberg,
Vous y verrez que la Vierge Marie,
Des Chansonniers comme une autre à souffert:
Certain Lampon courut long-tems sur elle,
Dans un refrain cette Mere pucelle
Se vit nichée; & le Juif Infidèle
Vous parle encor, avec un rire amer,
D'un rendez-vous avec Monsieur Panter.

   Vous voyez donc à quel point la Satire
Sait en tout tems gâter tous les esprits,
La Terre entiére est, dit-on, son Empire;
Mais, croyez-moi, son Trône est à Paris.
Là, tous les soirs, la troupe vagabonde
D'un Peuple oisif, apelle le beau monde,
Va promener, de réduit en réduit,
L'inquiétude, & l'ennui qui le suit.
Là, sont en foule antiques Mijaurées,
Jeunes Oisons, & Bégueules titrées,
Disant des riens d'un ton de Perroquet,
Lorgnant des Sots, & trichant au piquet.
Blondins y sont beaucoup plus femmes qu'elles,
Profondément remplis de bagatelles,

(*) Bayle & l'Abbé Houtteville font mention d'un ancien Livre Hébreu, où l'on trouve cette calomnie contre la Vierge. Ce Livre est intitulé *Liber Todos Jeskut*; il est du neuviéme Siècle.

D'un air hautain, d'une bruyante voix,
Chantant, parlant, minaudant à la fois.
Si par hazard quelque personne honnête,
D'un sens plus droit, & d'un goût plus heureux,
Des bons Ecrits ayant meublé sa tête,
Leur fait l'affront d'être sage à leurs yeux;
Tout aussi-tôt leur brillante Cohue,
D'étonnement & de colére émue,
Maudit essaim de Frelons envieux,
Pique & poursuit cette Abeille charmante,
Qui leur apporte, hélas! trop imprudente,
Ce miel si pur, & si peu fait pour eux.

 Quant aux Héros, aux Princes, aux Ministres,
Sujets usez de nos discours sinistres:
Qu'on m'en nomme un dans Rome & dans Paris,
Depuis César jusqu'au jeune Louïs,
De Richelieu jusqu'à l'Ami d'Auguste,
Dont un Pasquin n'ait barbouillé le buste.
Ce grand Colbert, dont les soins vigilans
Nous avoient plus enrichis en dix ans,
Que les Mignons, les Catins & les Prêtres,
N'ont en mille ans apauvri nos Ancêtres:
Cet homme unique, & l'auteur & l'apui
D'une grandeur, où nous n'osions prétendre,
Vit tout l'Etat murmurer contre lui;
Et le Français osa troubler (*) la cendre

(*) On vouloit déterrer Mr. Colbert à St. Eustache.

SUR LA CALOMNIE.

Du Bienfaicteur qu'il révére aujourd'hui.
 Lorsque Louïs, qui d'un esprit si ferme
Brava la Mort comme ses Ennemis,
De ses grandeurs ayant subi le terme,
Vers sa Chapelle alloit à St. Denis ;
J'ai vu son Peuple, aux nouveautés en proye,
Ivre de vin, de folie & de joye,
De cent couplets égayant le Convoi,
Jusqu'au Tombeau maudire encor son Roi.
 Vous avez tous connu, comme je pense,
Ce bon Régent, qui gâta tout en France :
Il étoit né pour la Société,
Pour les Beaux-Arts & pour la volupté :
Grand, mais facile, ingénieux, affable,
Peu scrupuleux, mais de crime incapable :
Et cependant, ô mensonge ! ô noirceur !
Six ans entiers la Ville & les Provinces,
Au plus aimable, au plus clément des Princes,
Ont prodigué le nom d'empoisonneur.
Chacun les lit ces Archives d'horreur,
Ces Vers impurs, appellés Philippiques (*)
De l'Imposture exécrables Chroniques ;
Et nul François n'est assez généreux,
Pour s'élever, pour déposer contr'eux.

(*) Libelle diffamatoire en vers, par le Sr. de la Grange, contre Monsieur le Duc d'Orléans Régent du Royaume.

Que le Mensonge un instant vous outrage,
Tout est en feu soudain pour l'appuyer :
La Vérité perce enfin le nuage,
Tout est de glace à vous justifier.
  Mais voulez-vous, après ce grand Exemple,
Baisser les yeux sur des moindres Objets ?
Des Souverains descendons aux Sujets,
Des Beaux-Esprits ouvrons ici le Temple,
Temple autrefois l'objet de mes souhaits,
Que de si loin, Monsieur Bardus contemple,
Et que Damis ne visita jamais.
Entrons. D'abord on voit la Jalousie,
Du Dieu des Vers la Fille & l'ennemie,
Qui sous les traits de l'Emulation,
Soufle l'orgueil, & porte sa furie
Chez tous ces fous Courtisans d'Apollon.
Voyez leur troupe inquiéte, affamée,
Se déchirant pour un peu de fumée,
Et l'un sur l'autre épanchant plus de fiel,
Que l'implacable & mordant Janséniste
N'en a lancé sur le fin Moliniste,
Ou que Doucin, cet adroit Casuiste,
N'en a versé dessus Pasquier Quesnel.
  Ce vieux Rimeur couvert d'ignominies,
Organe impur de tant de calomnies,
Cet ennemi du Public outragé,
Puni sans cesse, & jamais corrigé ;
Ce vil Rousseau, que jadis votre pere

A pas

SUR LA CALOMNIE.

A' par pitié tiré de la misére,
Et qui bien-tôt, Serpent envenimé,
Piqua le sein qui l'avoit ranimé;
Lui qui, mêlant la rage à l'impudence,
Devant Thémis, accusa (*) l'Innocence.
L'affreux Rousseau, loin de cacher en paix
Des jours tissus de honte & de forfaits,
Vient rallumer, aux Marais de Bruxelles,
D'un feu mourant les pâles étincelles;
Et contre moi croit rejetter l'afront
De l'infamie écrite sur son front.
Et que feront tous les traits satiriques,
Que d'un bras foible il décoche aujourd'hui?
Et ces ramas de larcins Marotiques,
Moitié François & moitié Germaniques,
Qui tous pétris de fureur & d'ennui,
Seront brûlés, s'il se peut, avant lui?
Ne craignons rien de qui cherche à médire,
En vain Boileau, dans ses sévérités,
A de Quinaut dénigré les beautés.
L'heureux Quinaut, vainqueur de la Satire,
Rit de sa haine & marche à ses côtés.
De tout ceci que faudra-t-il conclure?

O vous,

(*) Il accusa Mr. Saurin, fameux Géométre, d'avoir fait des Couplets infâmes, dont lui Rousseau étoit l'Auteur, & fut condamné pour cette calomnie au bannissement perpétuel.

O vous, Français, nés tous pour la censure,
Doux & polis, mais malins & jaloux,
Peuple charmant, faut-il donc voir chez vous,
Tant d'agrémens, & si peu d'indulgence ?
Belle Emilie, ornement de la France,
Vous connoissez ce dangereux païs,
Nous y vivons parmi nos ennemis,
Au milieu d'eux brillez en assurance;
A tous vos goûts prêtez-vous prudemment,
A vos vertus livrez-vous hautement,
Vous forcerez la Censure au silence.

A MONSIEUR DE FONTENELLE.

De Villars, le 1. Septembre 1720.

Les Dames qui sont à Villars, Monsieur, se sont gâtées par la lecture de vos Mondes. Il vaudroit mieux que ce fût par vos Eglogues, & nous les verrions plus volontiers ici Bergéres que Philosophes. Elles mettent à observer les Astres, un tems qu'elles pourroient beaucoup mieux employer; & comme leurs goûts décident des nôtres, nous nous sommes tous faits Physiciens pour l'amour d'elles.

  Le soir sur des lits de verdure,
  Lits que de ses mains la Nature,
  Dans ces Jardins délicieux,
  Forma pour une autre avanture,
  Nous brouillons tout l'ordre des Cieux;
  Nous prenons Vénus pour Mercure;

Car vous saurez qu'ici l'on n'a,
Pour examiner les Planettes,
Au lieu de nos longues Lunettes,
Que des Lorgnettes d'Opéra.

Comme nous passons la nuit à observer les Etoiles, nous négligeons fort le Soleil à qui nous ne rendons visite que lorsqu'il a fait près des deux tiers de son tour. Nous venons d'apprendre tout-à-l'heure qu'il a paru de couleur de sang tout le matin, qu'ensuite, sans que l'air fût obscurci d'aucun nuage, il a perdu sensiblement de sa lumière & de sa grandeur. Nous n'avons su cette nouvelle que sur les cinq heures du soir ; nous avons mis la tête à la fenêtre, & nous avons pris le Soleil pour la Lune, tant il étoit petit & pâle. Nous ne doutons point que vous n'ayez vu la même chose à Paris.

C'est à vous que nous nous adressons, Monsieur, comme à notre Maître & à celui de tous les Savans. Vous savez rendre aimables les choses que les autres Philosophes rendent à peine intelligibles. Et la Nature devoit à la France & à l'Europe un homme comme vous, pour corriger les Savans, & pour donner aux plus ignorans le goût des Sciences.

Or dites-nous donc, FONTENELLES,
Vous qui par un vol imprévu,

De Dédale prenant les aîles,
Dans les Cieux avez parcouru
Tant de carriéres immortelles,
Où St. Paul avant vous a vu
Force Beautez furnaturelles
Dont très-prudemment il s'eſt tu;
Du Soleil par vous ſi connu,
Ne ſavez-vous point de nouvelles ?
Pourquoi ſur un Char tout ſanglant
A-t-il commencé ſa carriére ?
Pourquoi perd-il, pâle & tremblant,
Et ſa grandeur & ſa lumiére ?
Que dira le Boulainvilliers (*)
Sur ce terrible Phénomêne ?
Va-t-il à des Peuples entiers
Annoncer leur perte prochaine ?
Verrons-nous des incurſions,
Des Edits, des guerres ſanglantes,
Quelques nouvelles actions,
Ou le retranchement des rentes ?
Jadis, quand vous étiez Paſteur,
On vous eût vû ſur la fougére,
A ce changement de couleur
Du Dieu brillant qui nous éclaire.

An-

(*) Le Comte de Boulainvilliers, homme d'une grande érudition, mais qui avoit la foibleſſe de croire à l'Aſtrologie.

A MONSIEUR DE FONTENELLE.

Annoncer à votre Bergére
Quelque changement dans son cœur.
Mais depuis que votre Apollon
Voulut quitter la Bergerie
Pour Euclide & pour Varignon,
Et les Rubans de Céladon
Pour l'Astrolabe d'Uranie,
Vous nous parlerez le jargon
De Calculs, de Réfraction.
Mais daignez un peu, je vous prie,
Si vous voulez parler Raison,
Nous l'habiller en Poësie;
Car sachez que dans ce Canton
Un trait d'imagination
Vaut cent pages d'Astronomie.

REPONSE.

RÉPONSE
DE MONSIEUR
DE FONTENELLE
A MONSIEUR
DE VOLTAIRE.

Ce n'est pourtant pas que je doute
Qu'un beau jour qui sera bien noir
Le pauvre Soleil ne s'encroute,
En nous disant, Messieurs, bon soir :
Cherchez dans la céleste voute
Quelque autre qui vous fasse voir ;
Pour moi j'en ai fait mon devoir,
Et moi-même ne vois plus goute ;
Encore un coup, Messieurs, bon soir.
Et peut-être en son desespoir
Osera-t-il rimer en oute,
Si quelque Déesse n'écoute.
Mais sur notre triste Manoir,

Combien de maux fera pleuvoir
Cette céleste Banqueroute?
On allumera maint Bougeoir,
Mais qui n'aura pas grand pouvoir:
Tout sera pêle-mêle, & toute
Société sera dissoute,
Sans qu'on dise jusqu'au revoir.
Chacun de l'éternel dortoir
Enfilera bien-tôt la route
Sans tester & sans laisser d'hoir;
Et ce que le plus je redoute
Chacun demandera la broute
Et ne croira plus rien valoir.

LETTRE
A MONSIEUR
DE LA FAYE;
Ecrite en 1718.

La Faye, ami de tout le monde,
Qui savez le secret charmant
De réjouir également
Le Philosophe, l'ignorant,
Le Galant à perruque blonde;
Vous qui rimez comme Ferrand
Des Madrigaux, des Epigrames,
Qui chantez d'amoureuses flâmes,
Sur votre Luth tendre & galant,
Et qui même assez hardiment
Osâtes prendre votre place
Auprès de Malherbe & d'Horace,
Quand vous alliez sur le Parnasse
Par le Caffé de la Laurent.

Je

Je voudrois bien aller aussi au Parnasse, moi qui vous parle, j'aime les Vers à la fureur; mais j'ai un petit malheur, c'est que j'en fais de détestables, & j'ai le plaisir de jetter tous les soirs au feu, tout ce que j'ai barbouillé dans la journée. Par fois je lis une belle Strophe de votre ami Mr. de la Motte, & puis je me dis tout bas, *petit misérable, quand feras-tu quelque chose d'aussi bien ?* Le moment d'après, c'est une Strophe peu harmonieuse, & un peu obscure, & je me dis, *garde-toi bien d'en faire autant.* Je tombe sur un Pseaume, ou sur une Epigramme ordurière de Rousseau : cela éveille mon odorat; je veux lire ses autres Ouvrages, mais le Livre me tombe des mains : je vois des Comédies à la glace, des Opéra fort au-dessous de ceux de l'Abbé Pic : une Epître au Comte d'Ayen qui est à faire vomir : un petit voyage de Rouen fort insipide; une Ode à Mr. Duché au-dessous de tout cela; mais ce qui me révolte & qui m'indigne, c'est le mauvais cœur & le malhonnête-homme qui perce à chaque ligne. J'ai lu son Epître à Marot, où il y a de très-beaux morceaux; mais je crois y voir plutôt un enragé qu'un Poëte. Il n'est pas inspiré, il est possédé : il reproche à l'un sa prison, à l'autre sa vieillesse : il appelle celui-ci Athée, celui-là Maroufle; où est donc le mérite de dire en vers de cinq pieds des injures si grossières ? Ce n'étoit point ainsi qu'en usoit Mr. Despréaux,

quand

quand il se jouoit aux dépens des mauvais Auteurs ; aussi son stile étoit doux & coulant ; mais celui de Rousseau me paroît inégal, recherché, plus violent que vif, & teint, si j'ose m'exprimer ainsi, de la bile qui le dévore. Peut-on souffrir qu'en parlant de Mr. de Crebillon, il dise qu'il *vient de sa griffe Apollon molester.*
Quels vers que ceux-ci. . . . .

> Ce rimeur si sucré
> Devient amer, quand le cerveau lui tinte,
> Plus qu'Aloès ni jus de Coloquinte.

De plus toute cette Epître roule sur un raisonnement faux : il veut prouver que tout homme d'esprit est honnête homme & que tout sot est fripon ; mais ne seroit-il pas la preuve trop évidente du contraire ? Si pourtant c'est véritablement de l'esprit que le seul talent de la versification, je m'en rapporte à vous & à tout Paris. Le Sr. Rousseau ne passe point pour avoir d'autre mérite ; il écrit si mal en prose, que son Factum est une des Piéces qui ont servi à le faire condamner ; au contraire, le Factum de Mr. Saurin est un Chef-d'œuvre, & *quid facundia posset, tum paruit.* Enfin, vous voulez que je vous dise franchement mon petit sentiment sur MM. de la Motte & Rousseau ? Mr. de la Motte pense beaucoup & ne travaille pas assez ses vers : Rousseau ne pense guère, mais

mais il travaille ses vers beaucoup mieux ; le point seroit de trouver un Poëte qui pensât comme la Motte & qui écrivit comme Rousseau, (quand Rousseau écrit bien, s'entend.) Mais

> —— —— —— *Pauci, quos aquus amavit*
> *Jupiter, aut ardens evexit ad ætera virtus,*
> *Dis geniti potuere.* —— ——

J'ai bien envie de revenir bien-tôt souper avec vous & raisonner de Belles-Lettres : je commence à m'ennuyer beaucoup ici. Or il faut que je vous dise ce que c'est que l'Ennui :

> Car vous qui toujours le chassez,
> Vous pourriez l'ignorer peut-être ;
> Trop heureux, si ces vers à la hâte tracés
> Ne vous l'ont déja fait connoître !
> C'est un gros Dieu, lourd & pesant,
> D'un entretien froid & glaçant,
> Qui ne rit jamais, toujours bâille,
> Et qui depuis cinq ou six ans
> Dans la foule des Courtisans
> Se trouvoit toujours à Versaille.
> Mais on dit que tout de nouveau
> Vous l'allez revoir au Parterre,
> Au *Capricieux* (*) de Rousseau ;
> C'est-là sa demeure ordinaire.

Au

(*) Mauvaise Piéce de Rousseau, qu'on vouloit mettre

DE LA FAYE.

Au reste, je suis charmé que vous ne partiez pas si-tôt pour Gênes †, votre Ambassade m'a la mine d'être pour vous un Bénéfice simple. Faites-vous payer de votre Voyage, & ne le faites point; ne ressemblez point à ces Politiques errans qu'on envoye de Parme à Florence, & de Florence à Holstein, & qui reviennent enfin ruïnés à Paris, pour avoir eu le plaisir de dire *le Roi mon Maître*. Il me semble que je vois des Comédiens de Campagne qui meurent de faim, après avoir joué le Rôle de César & de Pompée.

> Non, cette brillante folie
> N'a point enchanté vos esprits:
> Vous connoissez trop bien le prix
> Des douceurs de l'aimable vie
> Qu'on vous voit mener à Paris
> En assez bonne compagnie;
> Et vous pouvez fort bien vous passer
> D'aller loin de nous professer
> La Politique en Italie.

tre au Théâtre, mais qu'on fut obligé d'abandonner aux répétitions.

(†) Mr. de la Faye étoit nommé Envoyé Extraordinaire à Gênes.

LE MONDAIN
OU
L'APOLOGIE DU LUXE.

A TABLE hier, par un triste hazard,
J'étois assis près d'un maître Cafard,
Lequel me dit : Vous avez bien la mine
D'aller un jour échauffer la Cuisine,
De Lucifer ; & moi prédestiné,
Je rirai bien quand vous serez damné.
Damné ! comment ? pour quoi ? *Pour vos folies.*
Vous avez dit en vos Oeuvres non pies,
Dans certain Conte en rimes barbouillé,
Qu'au Paradis Adam étoit mouillé,
Lorsqu'il pleuvoit sur notre premier Pere;
Qu'Eve avec lui buvoit de belle eau claire,
Qu'ils avoient même, avant d'être déchus,
La peau tannée, & les ongles crochus.

Vous

LE MONDAIN, OU LE LUXE. 97

Vous avancez dans votre folle yvresse,
Prêchant le Luxe & vantant la Molesse,
Qu'il vaut bien mieux, ô blasphèmes maudits!
Vivre à présent qu'avoir vécu jadis.
Par quoi, mon Fils, votre Muse polue
Sera rotie, & c'est chose conclue.
Disant ces mots, son gosier altéré
Humoit un Vin, qui d'ambre coloré,
Sentoit encor la grappe parfumée,
Dont fut pour nous la liqueur exprimée;
Mille rubis éclatoient sur son teint.
Lors je lui dis : pour Dieu, Monsieur le Saint,
Quel est ce Vin? d'où vient-il, je vous prie?
D'où l'avez-vous? *Il vient de Canarie:
C'est un Nectar, un breuvage d'Elu;
Dieu nous le donne, & Dieu veut qu'il soit bû.*
Et ce Caffé dont, après cinq services,
Votre estomac goûte encor les délices?
Par le Seigneur il me fut destiné.
Bon. Mais, avant que de Dieu nous l'ait donné
Ne faut-il pas que l'humaine industrie
L'aille ravir aux Champs de l'Arabie?
La Porcelaine, & la frêle beauté
De cet Email à la Chine empâté,
Par mille mains fut pour vous préparée,
Cuite, recuite, & peinte & diaprée:
Cet argent fin, cizelé, gaudronné,
En Plats, en Vase, en Soucoupe tourné,

Fut arraché de la terre profonde,
Dans le Potofe, au fein du Nouveau Monde;
Tout l'Univers a travaillé pour vous,
Afin qu'en Paix, dans votre heureux courroux,
Vous infultiez, pieux Atrabilaire,
Au Monde entier épuifé pour vous plaire.
   O faux Dévot, véritable mondain,
Connoiffez-vous; & dans votre Prochain
Ne blâmez plus ce que votre indolence
Souffre chez vous avec tant d'indulgence.
Sachez fur-tout que le Luxe enrichit
Un grand Etat, s'il en perd un petit.
Cette fplendeur, cette pompe Mondaine,
D'un Régne heureux eft la marque certaine;
Le riche eft né pour beaucoup dépenfer,
Le pauvre eft fait pour beaucoup amaffer.
Dans ces Jardins regardez ces Cafcades,
L'étonnement & l'amour des Nayades;
Voyez ces flots, dont les napes d'argent
Vont inonder ce Marbre blanchiffant.
Les humbles Prés s'abreuvent de cette onde,
La Terre en eft plus belle & plus féconde;
Mais de ces eaux fi la fource tarit,
L'herbe eft fechée, & la fleur fe flêtrit.
Ainfi l'on voit, en Angleterre, en France,
Par cent Canaux circuler l'abondance,
Le goût du Luxe entre dans tous les rangs;
Le Pauvre y vit des Vanités des Grands;

Et

Et le travail gagé par la Moleſſe
S'ouvre à pas lents la route à la richeſſe.
J'entends d'ici des Pédans à Rabats,
Triſtes cenſeurs des plaiſirs qu'ils n'ont pas,
Qui me citant Denis d'Halicarnaſſe,
Dion, Plutarque, & même un peu d'Horace,
Vont criaillant qu'un certain Curius
Cincinnatus & des Conſuls en *us*
Bêchoient la terre au milieu des allarmes,
Qu'ils manioient la Charue & les armes,
Et que les bleds tenoient à grand honneur
D'être ſemés par la main d'un Vainqueur.
C'eſt fort bien dit, mes Maîtres : je veux croire
Des vieux Romains la chimérique Hiſtoire;
Mais, dites-moi, ſi les Dieux par hazard
Faiſoient combattre Auteuil & Vaugirard,
Faudroit-il pas au retour de la guerre,
Que le Vainqueur vint labourer la terre ?
L'Auguſte Rome, avec tout ſon orgueuil,
Rome jadis étoit ce qu'eſt Auteuil,
Quand ces Enfans de Mars & de Silvie,
Pour quelque Pré ſignalant leur furie,
De leur Village alloient au Champ de Mars,
Ils arboroient du foin (*) pour Etendarts.

___

(*) Ce qu'on appelloit *Manipulus*, étoit d'abord une poignée de foin, que les Romains mettoient au haut d'une

Leur Jupiter au tems du bon Roi Tulle,
Etoit de bois : il fut d'or sous Luculle ;
N'allez donc pas, avec simplicité,
Nommer vertu, ce qui fut pauvreté.
 Oh que Colbert étoit un esprit sage !
Certain Butor conseilloit par ménage
Qu'on abolit ces travaux précieux,
Des Lyonnois Ouvrage industrieux :
Du Conseiller l'absurde prud'hommie
Eût tout perdu par pure économie ;
Mais le Ministre, utile avec éclat,
Sut par le Luxe enrichir notre Etat.
De tous nos Arts il aggrandit la source ;
Et du Midi, du Levant & de l'Ource,
Nos fiers Voisins, de nos progrès jaloux,
Payoient l'esprit qu'ils admiroient en nous.
Je veux ici parler d'un autre homme,
Tel que n'en vit Paris, Péquin, ni Rome :
C'est Salomon, ce Sage fortuné,
Roi, Philosophe, & Platon couronné,
Qui connut tout, du Cédre jusqu'à l'herbe ;
Vit-on jamais un Luxe plus superbe ?
Il faisoit naître au gré de ses desirs,
L'or & l'argent ; mais sur-tout les plaisirs.

Mille

---

d'une perche ; premier Etendart des Conquérans de l'Europe, de l'Asie Mineure, & de l'Afrique Septentrionale.

Mille Beautés servoient à son usage.
Mille? On le dit. C'est beaucoup pour un Sage ;
Qu'on m'en donne une, & c'est assez pour moi,
Qui n'ai l'honneur d'être Sage, ni Roi.
　　Parlant ainsi, je vis que les Convives
Aimoient assez mes Peintures naïves :
Mon doux Béat très-peu me répondoit,
Rioit beaucoup, & beaucoup plus buvoit;
Et tout chacun présent à cette fête
Fit son profit de mon discours honnête.

LETTRE

DE MONSEUR

DE MELON,

Ci-devant Secrétaire du Régent du Royaume,

A Madame la Comtesse de Verrue, sur l'Apologie du Luxe.

J'AI lu, Madame, l'ingénieuse Apologie du Luxe. Je regarde ce petit Ouvrage comme une excellente leçon de Politique, cachée sous un badinage agréable. Je me flatte d'avoir démontré dans mon Essay Politique sur le Commerce, combien ce goût des Beaux-Arts, & cet emploi des Richesses, cette Ame d'un grand Etat, qu'on nomme *Luxe*, sont nécessaires pour la circulation de l'Espéce & pour le maintien de l'Industrie ; je vous regarde, Madame, comme un des grands exemples de cette vérité. Combien de Familles de Paris sublis-

tent

tent uniquement par la protection que vous donnez aux Arts ? Que l'on cesse d'aimer les Tableaux, les Estampes, les Curiosités en toute sorte de genre ; voilà vingt mille hommes, au moins, ruïnés tout-d'un-coup dans Paris, & qui sont forcés d'aller chercher de l'emploi chez l'Etranger. Il est bon que dans un Canton Suisse on fasse des Loix somptuaires, par la raison qu'il ne faut pas qu'un pauvre vive comme un Riche : Quand les Hollandois ont commencé leur Commerce, ils avoient besoin d'une extrême frugalité ; mais à présent que c'est la Nation de l'Europe qui a le plus d'argent, elle a besoin de Luxe, &c.

L'HOMME DU MONDE,
OU
DÉFENSE DU MONDAIN.

REGRETTERA qui veut le bon vieux Tems,
Et l'Age d'Or & le Régne d'Astrée,
Et les beaux jours de Saturne & de Rhée,
Et le Jardin de nos premiers Parens ;
Moi, je rends grace à la Nature sage,
Qui, pour mon bien, m'a fait naître en cet âge
Tant décrié par des tristes Docteurs (*),
Ce tems profane est tout fait pour mes mœurs.

J'aime

(*) Nous donnons cette Piéce, & la suivante, dans le Recueil de Mr. de Voltaire. On nous assure qu'elles sont de lui, quoique quelques personnes les attribuent à d'autres.

DÉFENSE DU MONDAIN.

J'aime le luxe & la même molesse,
Tous les plaisirs, les Arts de toute espèce,
La propreté, le goût, les ornemens,
Tout honnête homme a de tels sentimens.
Il est bien doux pour leur cœur très-immonde
De voir ici l'abondance à la ronde,
Mere des Arts & des heureux travaux,
Nous apporter de sa source féconde,
Et des besoins & des plaisirs nouveaux.
L'Or de la Terre, & les Trésors de l'Onde,
Leurs habitans, & les peuples de l'Air,
Tout sert au luxe, aux plaisirs de ce Monde;
Ah le bon tems que ce Siècle de Fer !

 Le superflu, chose très-nécessaire
A réuni l'un & l'autre Hémisphére,
Voyez-vous pas ces agiles Vaisseaux,
Qui du Texel, de Londres, de Bordeaux,
S'en vont chercher par un heureux échange,
De nouveaux biens, nés aux sources du Gange ?
Tandis qu'au loin Vainqueurs des Musulmans,
Nos Vins de France enyvrent les Sultans.

 Quand la nature étoit dans son enfance,
Nos bons Ayeux vivoient dans l'innocence,
Ne connoissant ni le *Tien* ni le *Mien*;
Qu'auroient-ils pu connoître ? ils n'avoient rien.
Ils étoient nuds ; & c'est chose très-claire,
Que qui n'a rien, n'a nul partage à faire.
Sobres étoient ; ah ! je le crois encor,

Martialo (*) n'est point du Siècle d'Or.
D'un bon Vin frais, ou la mousse, ou la sève,
Ne grata point le triste gosier d'Eve.
La Soye & l'Or ne brilloient point chez eux,
Admirez-vous pour cela nos Ayeux ?
Il leur manquoit l'industrie & l'aisance :
Est-ce vertu ? c'étoit pure ignorance.
Quel Idiot ; s'il avoit eu pour lors
Quelque bon lit, auroit couché dehors ?
Mon cher Adam, mon gourmand, mon bon Pere,
Que faisois-tu dans les recoins d'Eden ?
Travaillois-tu pour ce sot Genre-Humain ?
Caressois-tu Madame Eve ma Mere ?
Avouez-moi que vous aviez tous deux,
Les ongles longs, un peu noirs & crasseux ;
La chevelure assez mal ordonnée,
Le teint bruni, la peau bise & tannée.
Sans propreté, l'amour le plus heureux
N'est plus amour, c'est un besoin honteux.
Bien-tôt lassés de leur belle avanture,
Dessous un Chêne ils soupent galamment,
Avec de l'eau, du Millet, & du gland.
Le repas fait, il dorment sur la dure,
Voilà l'état de la pure Nature.
 Or maintenant voulez-vous, mes Amis,
Savoir un peu, dans nos jours tant maudits,
Soit

____

(*) Fameux Cuisinier.

Soit à Paris, soit dans Londres, ou dans Rome,
Quel est le train des jours d'un honnête homme?
Entrez chez lui ; la foule des Beaux-Arts,
Enfans du goût, se montre à vos regards.
De mille mains l'éclatante industrie,
De ces dehors orna la symmétrie.
L'heureux Pinceau, le superbe Dessein,
Du doux Corrège & du savant Poussin
Sont encadrez dans l'Or d'une bordure :
C'est Bouchardon qui fit cette figure,
Et cet Argent fut poli par Germain :
Des Gobelins l'aiguille & la teinture
Dans ces Tapis égalent la peinture ;
Tous ces objets sont encor répétés,
Dans des Trumeaux tout brillans de clartés.
De ce Salon, je vois par la fenêtre,
Dans des Jardins des Mirthes en berceaux :
Je vois jaillir les bondissantes eaux ;
Mais du logis j'entends sortir le Maître.
 Un Char commode avec graces orné,
Par deux chevaux rapidement traîné,
Paroît aux yeux une Maison roulante,
Moitié dorée & moitié transparente :
Nonchalamment je l'y vois promené ;
De deux ressorts la liante souplesse,
Sur le pavé le porte avec molesse :
Il court au bain ; les parfums les plus doux
Rendent sa peau plus fraîche & plus polie :

Le plaisir presse, il vole au rendez-vous;
Chez Camargo, chez Gauffin, chez Julie,
Le tendre amour l'enyvre de faveurs.

Il faut se rendre à ce Palais magique (*),
Où les beaux Vers, la Danse, la Musique,
L'Art de tromper les yeux par les couleurs,
L'Art plus heureux de séduire les cœurs,
De cent plaisirs font un plaisir unique;
Il va sifler le Jason de Rousseau,
Où malgré lui court admirer Rameau.
Allons souper; que ces brillans services,
Que ces ragoûts ont pour moi de délices!
Qu'un Cuisinier est un mortel divin!
Eglé, Cloris, me versent de leur main
Un Vin d'Aï, dont la Mousse pressée,
De la Bouteille avec force élancée,
Comme un éclair fait voler son bouchon;
Il part, on rit, il frappe le plat-fond.
De ce Vin frais l'écume pétillante,
De nos Français est l'image brillante;
Le le lendemain donne d'autres desirs,
D'autres soupers, & de nouveaux plaisirs.

Or maintenant, Mentor ou Télémaque,
Vantez-nous bien votre petite Itaque,
Votre Salente, & ces murs malheureux,
Où vos Crétois tristement vertueux,

Pau-

(*) L'Opéra.

DU MONDAIN.

Pauvres d'effet, & riches d'abstinence,
Manquent de tout pour avoir l'abondance.
J'admire fort votre stile flateur,
Et votre prose, encor qu'un peu traînante;
Mais, mon ami, je consens de grand cœur
D'être fessé dans vos murs de Salente,
Si je vais-là pour chercher mon bonheur.
Et vous, Jardins de ce premier bon homme,
Jardin fameux par le Diable & la pomme,
C'est bien en vain que tristement séduits,
Huet, Calmet dans leur savante audace,
Du Paradis ont recherché la place;
Le Paradis terrestre est où je suis.

LE TEMPLE DE L'AMITIÉ.

U fond d'un Bois à la Paix consacré
Séjour heureux de la Cour ignoré,
S'éleve un Temple, où l'Art & ses
  prestiges,
N'étalent point l'orgueil de leurs prodiges,
Où rien ne trompe & n'éblouït les yeux,
Où tout est vrai, simple & fait pour les Dieux.
 De bons Gaulois de leurs mains le fonderent,
A l'Amitié leurs cœurs le dédiérent,
Las ! ils pensoient dans leur crédulité,
Que par leur Race il seroit fréquenté.
En vieux langage, on voit sur la façade,
Les noms sacrez d'Oreste & de Pilade :
Le Médaillon du bon Pirritoüs,
Du sage Achate, & du tendre Nisus :
Tous grands Héros, tous amis véritables :
        Ces

Ces noms font beaux; mais ils font dans les Fables,
　　La Déïté de ce petit séjour,
Reine sans faste, & femme sans intrigue,
Divinité sans Prêtres, & sans brigue,
Est peu fêtée au milieu de sa Cour.
　　A ses côtez sa fidèle Interprête,
La Vérité toujours sage & discrete,
Toujours utile à qui veut l'écouter,
Attend en vain qu'on l'ose consulter.
Nul ne l'approche & chacun la regrette.
Par contenance un Livre est dans ses mains,
Où sont écrits les bienfaits des Humains,
Doux monumens d'estime & de tendresse,
Donnez sans faste, acceptez sans bassesse:
Du Bienfaicteur noblement oubliés
Par son ami sans regret publiés.
C'est des Vertus l'Histoire la plus pure,
L'Histoire est courte, & le Livre est réduit,
A deux feuillets de Gothique écriture,
Qu'on n'entend plus, & que le tems détruit.
　　Or des Humains qu'elle est donc la manie?
Toute amitié de leurs cœurs est bannie,
Et cependant on les entend toujours
De ce beau nom décorer leurs discours.
Ses ennemis ne jurent que par elle,
En la fuyant chacun s'y dit fidelle,
Froid par dégoût, amant par vanité,
Chacun prétend en être bien traité.

De leurs propos la Déesse en colére
Voulut enfin que ses mignons chéris,
Si contens d'elle, & si sûrs de lui plaire,
Vinssent la voir en son sacré Pourpris,
Fixa le jour & promit un beau prix
Pour chaque couple au cœur noble, sincére,
Tendre comme elle, & digne d'être admis,
S'il se pouvoit, au rang des vrais amis.

 Au jour nommé viennent d'un vol rapide,
Tous nos Français que la nouveauté guide :
Un peuple immense inonde le Parvis.
Le Temple s'ouvre. On vit d'abord paraître
Deux Courtisans par l'intérêt unis ;
Par l'amitié tous deux ils croyoient l'être.
Vint un Courier qui dit qu'auprès du Maître
Vaquoit alors un beau poste d'honneur,
Un noble emploi de Valet grand Seigneur.
Nos deux amis poliment se quittérent,
Déesse & Prix, ce Temple abandonnérent,
Chacun des deux en son ame jurant,
D'anéantir son très-cher concurrent.

 Quatre dévots à la mine discrette,
Le dos vouté, leur Missel à la main,
Unis en Dieu de charité parfaite,
Et tout brûlans de l'amour du prochain,
Psalmodioient & bâilloient en chemin ;
L'un, riche Abbé, Prélat à l'œil lubrique,
Au menton triple, au col apoplectique,

Sur

DE L'AMITIÉ.

Sur le chemin de Conflans (*) à Gaillon,
Fut pris en bref d'une indigestion.
On confessa mon vieux ladre au plus vîte,
D'huile il fut oint, aspergé d'Eau-benite,
Duement lesté par le Curé du Lieu
Pour son Voyage au Pays du bon Dieu.
Ses trois amis guaîment lui marmotérent,
Un *Oremus*, en leur cœur devorérent
Son Bénéfice, & vers la Cour trotérent ;
Puis le Trio dévotement rival,
En se jurant fraternité sincère ;
Les yeux baissés court au bon Cardinal,
De Jansénisme accuser son confrére.

 Guais & brillans après un long repas,
Deux jeunes gens se tenant sous les bras,
Lisant tout haut des Lettres de leurs Belles,
Dansant, chantant, leur figure étaloient,
Et détonnoient quelques Chansons nouvelles.
Ainsi qu'au Bal à l'Autel ils alloient.
Nos étourdis pour rien s'y quérellérent,
De l'Amitié l'Autel ensanglantérent,
Et le moins fou laissa tout éperdu,
Son tendre ami sur la place étendu.

 Plus loin venoient d'un air de complaisance,
Nonchalamment clochans sur leurs patins,
        Lise

(*) Maisons de Campagne de deux Archevêques qui faisoient très-bonne chére.

Lise & Cloé, qui dès leur tendre enfance
Se confioient tous leurs petits desseins,
Se caressant, se parlant sans rien dire,
Et sans sujet toujours prêtes à rire,
Elles s'aimoient si naturellement.
Nos deux Beautez en public s'embrassèrent;
Mais toutes deux avoient le même Amant;
Lise & Cloé pour lui se décoifférent.

 Enfin Zaïre y parut à son tour,
Avec ses yeux où languit la molesse,
Où le plaisir brille avec la tendresse,
Ah ! que d'ennui, dit-elle, en ce séjour,
Que fait ici cette triste Déesse ?
Tout y languit, je n'y vois point l'Amour.
Elle sortit, vingt Rivaux la suivirent,
Sur le chemin vingt Beautez en gémirent:
Dieu sait alors où ma Zaïre alla.
De l'Amitié le prix fut laissé-là :
Et la Déesse en tout lieu célébrée,
Jamais connue & toujours desirée,
Gela de froid sur ses Sacrez Autels ;
J'en suis fâché pour les pauvres Mortels.

ENVOY

ENVOY.

Mon cœur, Ami charmant & sage,
Au votre n'étoit point lié,
Lorsque j'ai dit qu'à l'amitié
Nul mortel ne rendoit hommage :
Elle a maintenant à sa Cour
Deux cœurs dignes du premier âge ;
Hélas ! le véritable Amour
En a-t-il beaucoup davantage ?

AUX MANES DE GÉNONVILLE,

Conseiller au Parlement, & intime ami de l'Auteur, mort en 1722.

Oi que le Ciel jaloux ravit dans ton printems,
Toi de qui je conserve un souvenir fidèle,
Vainqueur de la Mort & du Tems,
Toi dont la perte après dix ans
M'est encore affreuse & nouvelle :
Si tout n'est pas détruit, si sous les sombres bords
Ce soufle si caché, cette foible étincelle,
Cet esprit, le moteur & l'esclave du Corps,
Ce je ne sai quel Sens, qu'on nomme Ame immortelle,
Reste inconnu de nous, est vivant chez les Morts ;
S'il est vrai que tu sois, & si tu peux m'entendre,
O mon cher Génonville, avec plaisir reçoi
Ces vers & ces soupirs que je donne à ta cendre,
Monumens d'un amour immortel comme toi.

AUX MANES DE GENONVILLE.

Il te souvient du tems, où l'aimable Egérie,
  Dans les beaux jours de notre vie,
Ecoutoit nos chansons, partageoit nos ardeurs.
Nous nous aimions tous trois, la raison, la folie,
L'amour, l'enchantement, des plus tendres erreurs,
  Tout réunissoit nos trois cœurs.
Que nous étions heureux ! même cette indigence,
  Triste compagne des beaux jours,
Ne put de notre joye empoisonner le cours.
Jeunes, gais, satisfaits, sans soin, sans prévoyance,
Aux douceurs du présent bornant tous nos desirs,
Quel besoin avions-nous d'une vaine abondance ?
Nous possédions bien mieux, nous avions les plaisirs.
Ces plaisirs, ces beaux jours coulez dans la molesse,
  Ces ris enfans de l'alegresse
Sont passez avec toi dans la nuit du trépas.
Le Ciel en récompense accorde à ta Maîtresse
  Des grandeurs & de la richesse,
Apuis de l'âge mûr, éclatant embaras,
Foible soulagement quand on perd sa jeunesse;
La fortune est chez elle, où fut jadis l'amour.
Ce dernier à mon cœur auroit plu davantage,
Les Plaisirs ont leur tems, la sagesse a son tour;
L'amour s'est envolé sur l'aîle du bel âge;
Mais jamais l'amitié ne fuit du cœur du Sage.
Nous chantons quelquefois & tes vers & les miens,

De ton aimable Esprit nous célébrons les charmes,
Ton nom se mêle encore à tous nos entretiens,
Nous lisons tes Ecrits, nous les baignons de larmes.
Loin de nous à jamais ces mortels endurcis,
Indignes du beau nom, du sacré nom d'amis,
Ou toujours remplis d'eux, ou toujours hors d'eux-mêmes,
Au monde, à l'inconstance, ardens à se livrer,
Malheureux, dont le cœur ne sait pas comme on aime,
Et qui n'ont point connu la douceur de pleurer.

SUR LA MORT
DE MADEMOISELLE
LE COUVREUR.

UE vois-je? quel objet! quoi! ces lèvres charmantes,
Quoi! ces yeux d'où partoient ces flammes éloquentes,
Eprouvent du trépas les livides horreurs?
Muses, Graces, Amours, dont elle fut l'image,
O mes Dieux & les siens, secourez vôtre ouvrage.
Que vois-je? C'en est fait, je t'embrasse, & tu meurs.
Tu meurs, on sait déja cette triste nouvelle:
Tous les cœurs sont émus de ma douleur cruelle;
J'entens de tous côtez les Beaux-Arts éperdus
S'écrier en pleurant, Melpomène n'est plus.
   Que diriez-vous, race future,
Lorsque vous apprendrez la flétrissante injure
Qu'à ces Arts désolez font des hommes cruels?
   Un objet digne des Autels
   Est privé de la sépulture,

Et

SUR LA MORT DE Mlle.

Et dans un Champ profane on jette à l'avanture!
Non, ces bords deformais ne feront plus profanes,
Ils contiennent ta cendre ; & ce triste tombeau,
Honoré par nos chants, confacré par tes Manes,
  Est pour nous un Temple nouveau.
Voilà mon S. Denis ; oui, c'est-là que j'adore
Ton esprit, tes talens, tes graces, tes appas ;
Je les aimai vivans, je les encense encore,
  Malgré les horreurs du trépas,
  Malgré l'erreur & les ingrats,
Que seuls de ce tombeau l'opprobre deshonore.
Ah ! verrai-je toujours ma foible Nation,
Incertaine en ses vœux, flétrir ce qu'elle admire ?
Nos mœurs avec nos Loix toujours se contredire,
Et le foible Français s'endormir sous l'empire
  De la Superstition (*) ?
  Quoi ! n'est-ce donc qu'en Angleterre
  Que les Mortels osent penser ?
Exemple de l'Europe, ô Londre ! heureuse Terre,
Ainsi que vos Tyrans vous avez su chasser
Les préjugez honteux qui nous livrent la guerre.
C'est-là qu'on sait tout dire, & tout récompenser ;
Nul Art n'est méprisé, tout succès a sa gloire,
Le Vainqueur de Tallard, le Fils de la Victoire,
Le sublime Dryden, & le sage Adisson,
         Et

(*) A Rome même on n'excommunie point les Acteurs.

LE COUVREUR.

Et la charmante Ophits, & l'immortel Newton,
Ont part également au Temple de Mémoire,
Et le Couvreur à Londre auroit eu des tombeaux
Parmi les Beaux-Esprits, les Rois & les Héros.
Quiconque a des Talens, à Londre est un grand homme;
Le génie étonnant de la Gréce & de Rome,
Enfant de l'abondance & de la liberté,
Semble après deux mil ans chez eux ressuscité.
O toi jeune Salle', fille da Terpsicore,
Qu'on insulte à Paris, mais que tout Londre honore,
Dans tes nouveaux succès reçois avec mes vœux
Les aplaudissemens d'un Peuple respectable,
De ce Peuple puissant, fier, libre, généreux,
Aux malheureux propice, aux Beaux-Arts favorable.
Du Laurier d'Apollon, dans nos stériles Champs
La feuille négligée est desormais flétrie.
Dieux! pourquoi mon Païs n'est-il plus la Patrie
Et de la Gloire & des Talens?

LE CADENAT.

Je triomphois, l'Amour étoit le maître,
Et je touchois à ces momens trop courts,
De mon bonheur & du votre peut-être;
Mais un tyran veut troubler nos beaux jours.
C'est votre époux, géolier sexagénaire;
Il a fermé le libre Sanctuaire
De vos apas, & bravant nos desirs,
Il tient la clef du séjour des plaisirs.
Pour éclaircir ce douloureux mystère,
D'un peu plus haut reprenons notre affaire.
   Vous connoissez la Déesse Cérès :
Or en son tems Cérès eut une fille,
Semblable à vous, à vos scrupules près,
Belle & sensible, honneur de sa Famille,
Brune sur-tout, partant pleine d'attraits;
Ainsi que vous par le Dieu d'Hymenée,
Enfant aveugle, elle fut mal-menée.
Le Roi des Morts fut son indigne Epoux;
Il étoit Dieu, mais il étoit jaloux;

LE CADENAT.

Il fut Cocu ; c'étoit bien la justice.
Pirithoüs, son fortuné Rival,
Beau, jeune, adroit, complaisant, libéral,
Au Dieu Pluton donna le bénéfice
De Cocuage ; or ne demandez pas,
Comment un homme avant sa derniére heure,
Put pénétrer dans la sombre demeure ?
Cet homme aimoit, l'Amour guida ses pas.
  Mais aux enfers, comme aux lieux où vous êtes,
Voyez qu'il est peu d'intrigues secrettes.
De sa Chaudiére un coquin d'Espion
Vit ce grand cas, & dit tout à Pluton.
Il ajouta que même à la sourdine,
Plus d'un Damné se stoyoit Proserpine ;
Et qu'elle avoit au séjour d'Uriel,
Trouvé moyen d'être encore dans le Ciel.
  Pluton frémit, fit des cris effroyables,
Jura le Styx, donna sa femme aux Diables.
Il assembla dans son noir Tribunal,
De ses Pédants le Sénat infernal.
Il convoqua les détestables ames,
De tous ces Saints dévolus aux Enfers,
Qui, dès long-tems en Cocuage expers,
Pendant leur vie ont tourmenté leurs femmes.
L'un d'eux lui dit : » Mon Confrére & Seigneur,
» Pour détourner la maligne influence,
» Dont votre Altesse a fait l'expérience,
» Tuer sa Dame, est toujours le meilleur.
                        » Mais

» Mais las ! Seigneur, la votre est immortelle,
» Je voudrois donc pour votre sûreté,
» Qu'un Cadenat de structure nouvelle,
» Fût le garand de sa fidélité.
» A la vertu par la force asservie,
» Lors vos plaisirs borneront son envie,
» Plus ne sera d'Amant favorisé ;
» Et plût aux Dieux, que quand j'étois en vie,
» D'un tel secret je me fusse avisé ! «
A ce discours les Damnez aplaudirent
Et sur l'airain les Cocus l'écrivirent.
En un moment, fers, enclumes, fourneaux,
Sont préparés aux gouffrez infernaux.
Tisiphone de ces lieux Serruriére,
Au Cadenat met la main la premiére :
Elle l'achéve ; & des mains de Pluton,
Proserpine reçut ce triste don.
On m'a conté, qu'essayant son ouvrage,
Le cruel Dieu fut ému de pitié,
Qu'avec tendresse il dit à sa moitié,
Que je vous plains ! vous allez être sage.
 Or ce secret aux Enfers inventé,
Chez les Humains tôt après fut porté,
Et depuis ce, dans Venise & dans Rome,
Il n'est Pédant, Bourgeois, ni Gentilhomme,
Qui, pour garder l'honneur de sa Maison,
De Cadenats n'ait sa provision.
Là tout jaloux, sans craindre qu'on le blâme,

Tient

LE CADENAT.

Tient sous la clef la vertu de sa femme;
Or votre Epoux dans Rome a fréquenté;
Chez les méchans on se gâte sans peine,
Et ce galant vit fort à la Romaine;
Mais son tresor n'est point en sûreté.
A ses projets l'Amour sera funeste:
Ce Dieu charmant sera notre vangeur;
Car vous m'aimez, & quand on a le cœur
De femme honnête, on a bientôt le reste.

LES POËTES EPIQUES

STANCES.

PLEIN de beautés & de défauts
Le vieil Homére a mon estime;
Il est, comme tous ses Héros,
Babillard outré; mais sublime.

Virgile orne mieux la Raison,
A plus d'art, autant d'harmonie,
Mais il s'épuise avec Didon,
Et rate à la fin Lavinie.

De faux-brillans, trop de Magie,
Mettent le Tasse un cran plus bas;
Mais que ne tolére-t-on pas,
Pour Armide & pour Herminie?

Milton

Milton, plus sublime qu'eux tous,
A des beautez moins agréables;
Il n'a chanté que pour les fous,
Pour les Anges & pour les Diables.

Après Milton, après le Tasse,
Parler de moi seroit trop fort,
Et j'attendrai que je sois mort,
Pour apprendre qu'elle est ma place.

Vous en qui tant d'esprit abonde,
Tant de grace & tant de douceur,
Si ma place est dans vôtre cœur,
Elle est la première du Monde.

A MADAME DE ✱✱✱.

LES DEUX AMOURS

CERTAIN enfant qu'avec crainte on careſſe,
Et qu'on connoît à ſon malin ſouris,
Court en tous lieux précédé par les Ris;
Mais trop ſouvent ſuivi de la triſteſſe.
Dans les cœurs des humains il entre avec ſoupleſſe;
Habite avec fierté, s'envole avec mépris.
Il eſt un autre Amour, fils craintif de l'eſtime,
Soumis dans ſes chagrins, conſtant dans ſes deſirs,
Que la Vertu ſoutient, que la Candeur anime,
Qui réſiſte aux rigueurs & croît par les plaiſirs.

De

De cet Amour le flambeau peut paraître
Moins éclatant; mais ses feux sont plus doux.
Voilà le Dieu que mon cœur veut pour Maître,
Et je ne veux le servir que pour vous.

A LA MÊME.

OUT est égal, & la Nature sage
Veut au niveau ranger tous les Humains;
Esprit, Raison, beaux yeux, charmant
visage,
Fleur de santé, doux loisir, jours serains;
Vous avez tout, c'est-là votre partage.
Moi, je parois un Etre infortuné,
De la Nature enfant abandonné,
Et n'avoir rien semble mon apanage;
Mais vous m'aimez, les Dieux m'ont tout donné.

À LA MÊME,

En lui envoyant les Œuvres Mystiques de Fénelon.

QUAND de la Guion le charmant Directeur
Disoit au monde, aimez Dieu pour lui-même,
Oubliez-vous dans votre heureuse ardeur,
On ne crut point à cet Amour extrême :
On le traita de chimére & d'erreur.
On se trompoit ; je connois bien mon cœur,
Et c'est ainsi, belle Eglé, qu'il vous aime.

A LA MÊME

E votre esprit la force est si puissante,
Que vous pourriez vous passer de beauté;
De vos attraits la trace est si piquante,
Que sans esprit vous m'auriez enchanté.
Si votre cœur ne sait pas comme on aime,
Ces dons charmans sont des dons superflus,
Un sentiment est cent fois au-dessus
Et de l'esprit, & de la beauté même.

MÉLANGES
DE
LITTERATURE
ET DE
PHILOSOPHIE.

CHAPITRE PREMIER.

De la Gloire, ou Entretien avec un Chinois.

EN 1723. il y avoit en Hollande un Chinois : ce Chinois étoit Lettré & Négociant : deux choses qui ne dévroient point du tout être incompatibles, & qui le sont devenues chez nous, graces au respect extrême qu'on a pour l'argent, & au peu de considération que l'Espèce humaine montre, a montré, & montrera toujours pour le mérite.

Ce

Ce Chinois qui parloit un peu Hollandois, se trouva dans une boutique de Libraire avec quelques Savans : il demanda un Livre ; on lui proposa l'Histoire Universelle de Bossuet, mal traduite. A ce beau mot d'Histoire Universelle : Je suis, dit-il, trop heureux ; je vais voir ce que l'on dit de notre grand Empire, de notre Nation qui subsiste en Corps de peuple depuis plus de 50. mille ans, de cette suite d'Empereurs qui nous ont gouvernés tant de Siècles ; je vais voir ce qu'on pense de la Religion des *Lettrez*, de ce Culte simple que nous rendons à l'Etre Suprême. Quel plaisir de voir comme on parle en Europe de nos Arts, dont plusieurs sont plus anciens chez nous que tous les Royaumes Européans ! Je crois que l'Auteur se sera bien mépris dans l'Histoire de la Guerre que nous eumes, il y a vingt-deux mille cinq cens cinquante-deux ans, contre les Peuples belliqueux du Tunquin & du Japon, & sur cette Ambassade solemnelle, par laquelle le puissant Empereur du Mogol nous envoya demander des Loix, l'An du Monde 500000000000791234 5000. Hélas ! lui dit un des Savans, on ne parle pas seulement de vous dans ce Livre : vous êtes trop peu de chose ; presque tout roule sur la premiére Nation du Monde, l'unique Nation, le Peuple élu, le grand Peuple Juif.

Juif ? dit le Chinois, ces Peuples-là sont donc

donc les Maîtres des trois quarts de la Terre, au moins ? Ils se flâtent bien qu'ils le seront un jour, lui répondit-on ; mais en attendant ce sont eux qui ont l'honneur d'être ici Marchands Fripiers, & de rogner quelquefois les Espèces. Vous vous moquez, dit le Chinois ; ces gens-là ont-ils jamais eu un vaste Empire ? Ils ont possédé, lui-dis-je, en propre, pendant quelques années, un petit Païs ; mais ce n'est point par l'étendue des Etats qu'il faut juger d'un Peuple, de même que ce n'est point par les richesses qu'il faut juger d'un homme. Mais ne parle-t-on pas de quelque autre Peuple dans ce Livre, demanda le Lettré ? Sans doute, dit le Savant, qui étoit auprès de moi, & qui prenoit toujours la parole : on y parle beaucoup d'un petit Païs de quatre-vingt lieues de large, nommé l'Egypte, où l'on prétend qu'il y avoit un Lac de 150 lieues de tour. Tu Dieu ! dit le Chinois, un Lac de 150 lieues dans un terrain qui en avoit quatre-vingt de large ; cela est bien beau ! Tout le monde étoit sage dans ce Païs-là, ajoûta le Docteur. Oh ! le bon tems que c'étoit, dit le Chinois ; mais est-ce-là tout ? Non, repliqua l'Européan ; il est tant question encore de ces célèbres Grecs. Qui sont ces Grecs, dit le Lettré ? Ah ! continua l'autre, il s'agit de cette Province, à peu près grande comme la deux centiéme partie de la Chine ; mais qui a fait tant de bruit dans tout l'Univers.

Jamais

Jamais je n'ai ouï parler de ces gens-là, ni au Mogol, ni au Japon, ni dans la Grande Tartarie, dit le Chinois d'un air ingénu.

Ah ignorant ! ha barbare, s'écria poliment notre Savant ; vous ne connoissez donc point Epaminondas le Thébain, ni le Port de Pirée, ni le nom des deux Chevaux d'Achile, ni comment se nommoit l'Ane de Silène ? Vous n'avez entendu parler ni de Jupiter, ni de Diogène, ni de Laïs, ni de Cibèle, ni de.....

J'ai bien peur, répliqua le Lettré, que vous ne sachiez rien de l'avanture, éternellement mémorable, du célèbre Xixofou Concochigramki, ni des Mystéres du Grand Fi psi-hi hi. Mais, de grace, quelles sont encore les choses inconnues dont traite cette Histoire Universelle ? Alors le Savant parla un quart-d'heure de suite de la République Romaine : & quand il vint à Jules-César, le Chinois l'interrompit, & lui dit : pour celui-là, je crois le connoître ; n'étoit-il pas Turc (*) ?

Comment, dit le Savant échauffé, est-ce que vous ne savez pas au moins la différence qui est entre les Payens, les Chrétiens, & les Musulmans ? Est-ce que vous ne connoissez point Constantin, & l'Histoire des Papes ? Nous avons entendu parler confusément, répondit

(*) Il n'y a pas long-tems que les Chinois prenoient tous les Européans pour des Mahométans.

pondit l'Asiatique, d'un certain Mahomet.

Il n'est pas possible, repliqua l'autre, que vous ne connoissiez au moins Luther, Zuingle, Bellarmin, Ecolampade. Je ne retiendrai jamais ces noms-là, dit le Chinois ; il sortit alors, & alla vendre une partie considérable de Thé Peco & de fin Grogram, dont il acheta deux belles filles & un Mousse, qu'il ramena dans sa Patrie, en adorant *le Tien*, & en se recommandant à Confucius.

Pour moi, témoin de cette conversation, je vis clairement ce que c'est que la *Gloire*, & je dis : puisque César & Jupiter sont inconnus dans le Royaume le plus beau, le plus ancien, le plus vaste, le plus peuplé, le mieux policé de l'Univers ; il vous sied bien, Gouverneurs de quelques petits Païs, ô Prédicateurs d'une petite Paroisse, dans une petite Ville, ô Docteurs de Salamanque, où de Bourges, ô petits Auteurs, ô pesants Commentateurs ; il vous sied bien de prétendre à la réputation !

DU SUÏCIDE, OU DE L'HOMICIDE DE SOI-MÊME.

CHAPITRE II.

Ecrit en 1729.

PHILIPPE Mordant, Cousin-germain de ce fameux Comte de Peterboroug, si connu dans toutes les Cours de l'Europe, & qui se vante d'être l'homme de l'Univers qui a vu le plus de Postillons & le plus de Rois; Philippe Mordant, dis-je, étoit un jeune homme de vingt-sept ans, beau, bien fait, riche, né d'un sang illustre, pouvant prétendre à tout, &, ce qui vaut encore mieux, passionnément aimé de sa Maîtresse. Il prit à ce Mordant un dégoût de la vie : il paya ses dettes, écrivit à ses amis pour leur dire adieu,

& mê-

& même fit des Vers, dont voici les derniers traduits en Français :

   L'Opium peut aider le Sage ;
   Mais, selon mon opinion,
   Il lui faut au lieu d'Opium
   Un Pistolet & du courage.

Il se conduisit selon ses principes, & se dépêcha d'un coup de Pistolet, sans en avoir donné d'autre raison, sinon que son Ame étoit lasse de son Corps, & que quand on est mécontent de sa maison, il faut en sortir. Il sembloit qu'il eût voulu mourir, parce qu'il étoit dégoûté de son bonheur.

Richard Smith vient de donner un étrange Spectacle au monde par une cause fort différente. Richard Smith étoit dégoûté d'être réellement malheureux : il avoit été riche, & il étoit pauvre ; il avoit eu de la santé, & étoit infirme. Il avoit eu une femme à laquelle il ne pouvoit faire partager que sa misére : un enfant au berceau étoit le seul bien qui lui restât. Richard Smith & Briget Smith, d'un commun consentement, après s'être tendrement embrassés & avoir donné le dernier baiser à leur enfant, ont commencé par tuer cette pauvre créature, & ensuite se sont pendus aux Colonnes de leur lit. Je ne connois nulle part aucune horreur de sang froid qui
soit

soit de cette force ; mais la lettre que ces infortunés ont écrite à Mr. Brindlay, leur Cousin, avant leur mort, est aussi singuliére que leur mort même.

« Nous croyons, disent-ils, que Dieu nous pardonnera, &c. Nous avons quitté la vie, parce que nous étions malheureux sans ressource, & nous avons rendu à notre fils unique le service de le tuer, de peur qu'il ne devint aussi malheureux que nous, &c.

Il est à remarquer que ces gens, après avoir tué leur fils par tendresse paternelle, ont écrit à un ami pour lui recommander leur Chat & leur Chien. Ils ont cru, apparemment, qu'il étoit plus aisé de faire le bonheur d'un Chat & d'un Chien dans le Monde, que celui d'un Enfant ; & ils ne vouloient pas être à charge à leur ami.

Toutes ces Histoires Tragiques, dont les Gazettes Anglaises fourmillent, ont fait penser à l'Europe qu'on se tue plus volontiers en Angleterre qu'ailleurs. Je ne sai pourtant si à Paris il n'y a pas autant de fous qu'à Londres ; peut-être que si nos Gazettes tenoient un Registre exact de ceux qui ont eu la démence de vouloir se tuer & le triste courage de le faire, nous pourrions sur ce point avoir le malheur de tenir tête aux Anglais. Mais nos Gazettes sont plus discrettes : les avantures

des

des particuliers ne font jamais expofées à la médifance publique dans ces Journaux avouez par le Gouvernement. Tout ce que j'ofe dire avec affurance, c'eſt qu'il ne fera jamais à craindre que cette folie de fe tuer devienne une maladie épidémique : la Nature y a trop bien pourvû ; l'efpérance, la crainte, font les refforts puiffants dont elle fe fert, pour arrêter prefque toujours la main du malheureux prêt a fe frapper.

On a beau nous dire qu'il y a eu des Pays où un Confeil étoit établi pour permettre aux Citoyens de fe tuer, quand ils avoient des raifons valables ; je réponds, ou que cela n'eſt pas vrai, ou que ces Magiſtrats avoient très-peu d'occupation.

Voici feulement ce qui pourroit nous étonner, & ce qui mérite, je crois, un férieux examen. Les anciens Héros Romains fe tuoient prefque tous, quand ils avoient perdu une Bataille dans les Guerres Civiles, & je ne vois point que ni du tems de la Ligue, ni de celui de la Fronde, ni dans les Troubles d'Italie, ni dans ceux d'Angleterre, aucun Chef ait pris le parti de mourir de fa propre main. Il eſt vrai que ces Chefs étoient Chrétiens, & qu'il y a bien de la différence entre les principes d'un Guerrier Chrétien, & ceux d'un Héros Payen ; cependant pourquoi ces hommes, que le Chriſtianifme retenoit, quand ils vouloient se procurer la mort, n'ont-ils été retenus par rien, quand ils ont voulu empoisonner, assassiner, ou faire mourir leurs ennemis vaincus sur des échaffauds, &c. ? La Religion Chrétienne ne défend-elle pas ces homicides-là, encore plus que l'homicide de soi-même ?

Pourquoi donc, Caton, Brutus, Cassius, Antoine, Othon, & tant d'autres, se sont-ils tués si résolument, & que nos Chefs de Parti se sont laissés pendre, ou bien ont laissé languir leur misérable vieillesse dans une prison ? Quelques Beaux-Esprits disent que ces Anciens n'avoient pas *le véritable courage* : que Caton fit une action de *Poltron* en se tuant, & qu'il y auroit eu bien plus de grandeur d'ame à ramper sous César ; cela est bon dans une Ode, ou dans une Figure de Rhétorique. Il est très-sûr que ce n'est pas être sans courage, que de se procurer tranquilement une mort sanglante : qu'il faut quelque force pour surmonter ainsi l'instinct le plus puissant de la Nature ; & qu'enfin une telle action prouve de la fureur, & non pas de la foiblesse. Quand un malade est en frénésie, il ne faut pas dire qu'il n'a point de force ; il faut dire que sa force est celle d'un frénétique.

La Religion Payenne défendoit *l'homicide de soi-même*, ainsi que la Chrétienne : Il y avoit même

même des places dans les Enfers pour ceux qui s'étoient tués :

*Proxima deinde tenent mœsti loca, qui sibi lethum,
Insontes peperere manu, lucemque perosi
Projecere animas ; quam vellent æthere in alto,
Nunc & pauperiem & duros perferre labores !
Fata obstant, tristique Paulus innabilis undâ
Alligat, & novies Styx interfusa coercet.*

Virg. Æneid. Lib. VI. v. 434. & seq.

Là sont ces insensez qui, d'un bras téméraire,
Ont cherché dans la mort un secours volontaire,
Qui n'ont pû supporter, foibles & malheureux,
Le fardeau de la vie imposé par les Dieux.
Hélas ! ils voudroient tous se rendre à la lumiére,
Recommencer cent fois leur pénible carriére :
Ils regrettent la vie, ils pleurent, & le sort,
Le sort, pour les punir, les retient dans la mort;
L'abîme du Cocyte & l'Acheron terrible,
Met, entre eux & la vie, un obstacle invincible.

Telle étoit la Religion des Payens, & malgré les peines qu'on alloit chercher dans l'autre Monde, c'étoit un honneur de quitter celui-ci & de se tuer ; tant les mœurs des hommes sont contradictoires. Parmi nous le Duel n'est-il pas encore malheureusement honorable,

ble, quoique défendu par la Raison, par la Religion & par toutes les Loix ? Si Caton & César, Antoine & Auguste, ne se sont pas batus en Duel, ce n'est pas qu'ils ne fussent aussi braves que nos François. Si le Duc de Montmorenci, le Maréchal de Morillac, de Thou, St. Mars, & tant d'autres, ont mieux aimé être traînez au dernier supplice dans une Charette, comme des Voleurs de grand chemin, que de se tuer comme Caton & Brutus, ce n'est pas qu'ils n'eussent autant de courage que ces Romains, & qu'ils n'eussent autant de ce qu'on appelle honneur ; la véritable raison, c'est que la mode n'étoit pas alors à Paris de se tuer en pareil cas, & cette mode étoit établie à Rome.

Les femmes de la côte de Malabar se jettent toutes vives sur le bucher de leurs maris : ont-elles plus de courage que Cornélie ? Non, mais la coutume est dans ce Païs-là que les femmes se brûlent.

Coutume, opinion, Reine de notre sort,
Vous réglez des Mortels & la vie & la mort.

DE LA RELIGION DES QUAKERS.

CHAPITRE III.

J'AI cru que la Doctrine & l'Histoire d'un Peuple aussi extraordinaire que les Quakers, méritoient la curiosité d'un homme raisonnable. Pour m'en instruire, j'allai trouver un des plus célèbres Quakers d'Angleterre, qui, après avoir été trente ans dans le Commerce, avoit su mettre des bornes à sa fortune & à ses desirs, & s'étoit retiré dans une Campagne auprès de Londres. J'allai le chercher dans sa retraite; c'étoit une Maison petite, mais bien bâtie, & ornée de sa seule propreté. Le Quaker (*) étoit un vieillard frais, qui

(*) Il s'appelloit André Pit; & tout cela est exactement vrai, à quelques circonstances près. André Pit écrivit depuis à l'Auteur pour se plaindre de ce qu'on avoit ajouté un peu à la vérité, & l'assura que Dieu étoit offensé de ce qu'on avoit plaisanté les Quakers.

qui n'avoit jamais eu de maladie, parce qu'il n'avoit jamais connu les passions, ni l'intempérance. Je n'ai point vu en ma vie d'air plus noble, ni plus engageant que le sien. Il étoit vêtu, comme tous ceux de sa Religion, d'un habit sans plis dans les côtés, & sans boutons sur les poches ni sur les manches, & portoit un grand chapeau à bords rabattus, comme nos Ecclésiastiques. Il me reçut avec son chapeau sur sa tête, & s'avança vers moi, sans faire la moindre inclination de corps ; mais il y avoit plus de politesse dans l'air ouvert & humain de son visage, qu'il n'y en a dans l'usage de tirer une jambe derriére l'autre, & de porter à la main ce qui est fait pour couvrir la tête. Ami, me dit-il, je vois que tu ès étranger ; si je puis t'être de quelqu'utilité, tu n'as qu'à parler. Monsieur, lui dis-je en me courbant le corps, & en glissant un pied vers lui, selon notre coutume, je me flatte que ma juste curiosité ne vous déplaira pas, & que vous voudrez bien me faire l'honneur de m'instruire de votre Religion. Les gens de ton Pays, me répondit-il, sont trop de complimens & de révérences ; mais je n'en ai encore vu aucun qui ait eu la même curiosité que toi. Entre, & dînons d'abord ensemble. Je fis encore quelques mauvais complimens ; parce qu'on ne se défait pas de ses habitudes tout-d'un-coup ; & après un repas sein & frugal, qui commença & qui finit par

une

ET DE PHILOSOPHIE. 147

une priére à Dieu, je me mis à interroger mon homme.

Je débutai par la question que de bons Catholiques ont fait plus d'une fois aux Huguenots. Mon cher Monsieur, dis-je, êtes-vous baptisé? Non, me répondit le Quaker, & mes Confréres ne le sont point. Comment morbleu, repris-je, vous n'êtes donc pas Chrétiens? Mon ami, repartit-il d'un ton doux, ne jure point : nous sommes Chrétiens ; mais nous ne pensons pas que le Christianisme consiste à jetter de l'eau sur la tête d'un enfant avec un peu de sel. Eh bon Dieu! repris-je, outré de cette impiété, vous avez donc oublié que Jesus-Christ fut baptisé par Jean? Ami, point de juremens, encore un coup, dit le benin Quaker. Le Christ reçut le Baptême de Jean, mais il ne baptisa jamais personne ; nous ne sommes pas les Disciples de Jean, mais du Christ. Ah! comme vous seriez brûlés par la Sainte Inquisition, m'écriai-je! Au nom de Dieu, cher homme, que je vous baptise! S'il ne falloit que cela pour condescendre à ta foiblesse, nous le ferions volontiers, repartit-il gravement ; nous ne condamnons personne pour user de la cérémonie du baptême ; mais nous croyons que ceux qui professent une Religion toute sainte & toute spirituelle, doivent s'abstenir, autant qu'ils le peuvent, des cérémonies Judaïques. En voici bien d'une autre,

G 2   m'ém'écriai-je ; des cérémonies Judaïques ! Oui, mon ami, continua-t-il, & si Judaïques, que plusieurs Juifs encore aujourd'hui usent quelquefois du baptême de Jean. Consulte l'Antiquité, elle t'apprendra que Jean ne fit que renouveller cette pratique, laquelle étoit en usage long-tems avant lui parmi les Hébreux, comme le Pélerinage de la Meque l'étoit parmi les Ismaëlites. Jesus voulut bien recevoir le baptême de Jean, de même qu'il s'étoit soumis à la circoncision ; mais, & la circoncision & le lavement d'eau doivent être tous deux abolis par le baptême du Christ, ce baptême de l'esprit, cette ablution de l'ame qui sauve les hommes. Aussi le Précurseur Jean disoit : *Je vous baptise à la vérité avec de l'eau ; mais un autre viendra après moi, plus puissant que moi, & dont je ne suis pas digne de porter les sandales ; celui-là vous baptisera avec le feu & le Saint-Esprit.* Aussi le grand Apôtre des Gentils, Paul, écrit aux Corinthiens ; *le Christ ne m'a pas envoyé pour baptiser, mais pour prêcher l'Evangile ;* aussi ce même Paul ne baptisa jamais avec de l'eau que deux personnes, encore fût-ce malgré lui. Il circoncit son disciple Timothée : les autres Apôtres circoncisoient aussi tous ceux qui vouloient l'être ; ès-tu circoncis, ajouta-t-il ? Je lui répondis que je n'avois pas cet honneur. Eh bien, dit-il, l'ami, tu ès Chrétien sans être circoncis, & moi, sans être baptisé. Voilà comme mon faint homme abufoit affez fpécieufement de trois ou quatre paffages de la Sainte Ecriture, qui fembloient favorifer fa Secte; mais il oublioit de la meilleure foi du monde une centaine de paffages qui l'écrafoient. Je me gardai bien de lui rien contefter; il n'y a rien à gagner avec un Enthoufiafte. Il ne faut point s'avifer de dire à un homme les défauts de fa Maîtreffe, ni à un Plaideur le foible de fa caufe, ni des raifons à un Illuminé. Ainfi je paffai à d'autres queftions.

A l'égard de la Communion, lui dis-je, comment en ufez-vous? Nous n'en ufons point, dit-il. Quoi! point de Communion? Non, point d'autre que celle des cœurs. Alors il me cita encore les Ecritures; il me fit un fort beau Sermon contre la Communion, & me parla d'un ton d'infpiré, pour me prouver que les Sacremens étoient tous d'invention humaine, & que le mot de Sacrement ne fe trouvoit pas une feule fois dans l'Evangile. Pardonne, dit-il, à mon ignorance, je ne t'ai pas apporté la centième partie des preuves de ma Religion, mais tu peux les voir dans l'Expofition de notre Foi par Robert Barclay. C'eft un des meilleurs Livres qui foit jamais forti de la main des hommes; nos ennemis conviennent qu'il eft très-dangereux, cela prouve combien il eft raifonnable. Je lui promis

mis de lire ce Livre, & mon Quaker me crut déja converti. Ensuite il me rendit raison, en peu de mots, de quelques singularités qui exposent cette Secte au mépris des autres. Avoue, dit-il, que tu as eu bien de la peine à t'empêcher de rire, quand j'ai répondu à toutes tes civilités avec mon chapeau sur la tête, & en te tutoyant. Cependant tu me parois trop instruit, pour ignorer que du tems du Christ, aucune Nation ne tomboit dans le ridicule de substituer le plurier au singulier : on disoit à César Auguste ; *Je t'aime, je te prie, je te remercie* ; il ne souffroit pas même qu'on l'appellât Monsieur, *Dominus*. Ce ne fut que long-tems après lui, que les hommes s'avisérent de se faire appeller *vous*, au lieu de *tu*, comme s'ils étoient doubles, & d'usurper les titres impertinens de Grandeur, d'Eminence, de Sainteté, de Divinité même ; que des vers de terre donnent à d'autres vers de terre, en les assûrant qu'ils sont avec un profond respect, & une fausseté infâme, leurs très-humbles & très-obéïssants serviteurs. C'est pour être plus sûr nos gardes contre cet indigne commerce de mensonges & de flatteries, que nous tutoyons également les Rois & les Charbonniers, que nous ne saluons personne, n'ayant pour les hommes que de la charité, & du respect que pour les Loix.

Nous portons aussi un habit un peu différent

rent des autres hommes, afin que ce soit pour nous un avertissement continuel de ne leur pas ressembler. Les autres portent les marques de leurs dignités, & nous celles de l'humilité Chrétienne. Nous fuyons les assemblées de plaisir, les spectacles, le jeu; car nous serions bien à plaindre de remplir de ces bagatelles des cœurs en qui Dieu doit habiter. Nous ne faisons jamais de sermens, pas même en Justice; nous pensons que le nom de Très-Haut ne doit point être prostitué dans les debats misérables des hommes. Lorsqu'il faut que nous comparoissions devant les Magistrats pour les affaires des autres (car nous n'avons jamais de procès) nous affirmons la vérité par un *oui* ou par un *non* ; & les Juges nous en croyent sur notre simple parole, tandis que tant d'autres Chrétiens se parjurent sur l'Evangile. Nous n'allons jamais à la guerre : ce n'est pas que nous craignions la mort; au contraire, nous benissons le moment qui nous unit à l'Etre des Etres; mais c'est que nous ne sommes ni Loups, ni Tigres, ni Dogues, mais hommes, mais Chrétiens. Notre Dieu, qui nous a ordonné d'aimer nos ennemis, & de souffrir sans murmure, ne veut pas, sans doute, que nous passions la Mer pour aller égorger nos freres, parce que des meurtriers vêtus de rouge, avec un bonnet haut de deux pieds, enrôlent des Citoyens, en faisant du bruit avec deux petits bâtons sur une peau d'Ane bien tendue. Et lorsqu'après des batailles gagnées, tout Londres brille d'illuminations, que le Ciel est enflammé de fusées, que l'air retentit du bruit des actions-de-graces, des Cloches, des Orgues, des Canons, nous gémissons en silence sur ces meurtres qui causent la publique allegresse.

DE LA RELIGION DES QUAKERS.

CHAPITRE IV.

TELLE fut, à peu près, la conversation que j'eus avec cet homme singulier. Mais je fus bien surpris quand le Dimanche suivant il me mena à l'Eglise des Quakers. Ils ont plusieurs Chapelles à Londres; celle où j'allai est près de ce fameux Pilier, que l'on appelle le Monument. On étoit déja assemblé, lorsque j'entrai avec mon Conducteur. Il y avoit environ quatre cens hommes dans l'Eglise & trois cens femmes. Les femmes se cachoient le visage; les hommes étoient couverts de leurs larges chapeaux; tous étoient assis, tous dans un profond silence. Je passai au milieu d'eux, sans qu'un seul levât les yeux sur moi. Ce silence dura un quart-d'heure: enfin un d'eux

d'eux se leva, ôta son chapeau, & après quelques soupirs, débita, moitié avec la bouche, moitié avec le nez, un galimathias, tiré, à ce qu'il croyoit, de l'Evangile, où ni lui, ni personne n'entendoit rien. Quand ce faiseur de contorsions eut fini son beau monologue, & que l'Assemblée se fut séparée toute édifiée, & toute stupide, je demandai à mon homme, pourquoi les plus sages d'entre eux souffroient de pareilles sottises ? Nous sommes obligés de les tolérer, me dit-il, parce que nous ne pouvons pas savoir si un homme qui se leve pour parler, sera inspiré par l'Esprit ou par la folie. Dans le doute nous écoutons tout patiemment, nous permettons même aux femmes de parler; deux ou trois de nos Dévotes se trouvent souvent inspirées à la fois, & c'est alors qu'il se fait un beau bruit dans la Maison du Seigneur. Vous n'avez donc point de Prêtres, lui dis-je ? Non, mon ami, dit le Quaker, & nous nous en trouvons bien. Alors ouvrant un Livre de sa Secte, il lut avec emphase ces paroles : » A Dieu ne plaise que nous osions ordon-
» ner à quelqu'un de recevoir le Saint-Esprit le
» Dimanche, à l'exclusion de tous les autres fi-
» dèles. Grace au Ciel, nous sommes les seuls
» sur la Terre qui n'ayons point de Prêtres.
» Voudrois-tu nous ôter une distinction si heu-
» reuse ? Pourquoi abandonnerons-nous notre
» enfant à des nourrices mercenaires, quand
』 』 』 』 』 』 』 』 』 』 』 』 』 』 』 』» nous

» nous avons du lait à lui donner ? Ces Merce-
» naires domineroient bien-tôt dans la Maison,
» & opprimeroient la mere & l'enfant. Dieu a
» dit, vous avez reçu *gratis*, donnez *gratis*. Irons-
» nous après cette parole marchander l'Evangi-
» le, vendre l'Esprit Saint, & faire d'une Assem-
» blée de Chrétiens une Boutique de Mar-
» chands ? Nous ne donnons point d'argent à
» des hommes vétus de noir pour assister nos
» pauvres, pour enterrer nos morts, pour prê-
» cher les fidèles ; ces saints emplois nous sont
» trop chers pour nous en décharger sur d'au-
» tres. « Mais comment pouvez-vous discerner, insistai-je, si c'est l'Esprit de Dieu qui vous
anime dans vos discours ? » Quiconque, dit-il,
» priera Dieu de l'éclairer, & qui annoncera des
» véritez évangéliques qu'il sentira, que celui-
» là soit sûr que Dieu l'inspire. « Alors il m'ac-
cabla de citations de l'Ecriture, qui démon-
troient, selon lui, qu'il n'y a point de Christianisme sans une révélation immédiate, & il ajoûta ces paroles remarquables : » Quand tu sais
» mouvoir un de tes membres, est-ce ta propre
» force qui le remue ? Non, sans doute, car ce
» membre a souvent des mouvemens involon-
» taires ; c'est donc celui qui a créé ton corps,
» qui meut ce corps de terre. Et les idées que
» reçoit ton Ame, est-ce toi qui les formes ? En-
» core moins, car elles viennent malgré toi ;
» c'est donc le Créateur de ton Ame qui te don-

» ne tes idées ; mais comme il a laissé à ton
» cœur la liberté, il donne à ton esprit les idées
» que ton cœur mérite ; tu vis dans Dieu, tu
» agis, tu penses dans Dieu. Tu n'as donc qu'à
» ouvrir les yeux à cette lumiére qui éclaire
» tous les hommes, alors tu verras la vérité, &
» la feras voir. « Eh ! voilà le Pere Mallebranche, tout pur, m'écriai-je. » Je connois ton
» Mallebranche, dit-il, il étoit un peu Quaker,
» mais il ne l'étoit pas assez. « Ce sont-là les
choses les plus importantes que j'ai apprises
touchant la Doctrine des Quakers ; dans la premiére Lettre vous aurez leur Histoire, que
vous trouverez encore plus singuliére que leur
Doctrine.

HISTOIRE

HISTOIRE DES QUAKERS.

CHAPITRE V.

Vous avez déja vû que les Quakers dattent depuis Jesus-Christ, qui fut, selon eux, le premier Quaker. La Religion, disent-ils, fut corrompue presque après sa mort, & resta dans cette corruption environ 1600. années. Mais il y avoit toujours quelques Quakers cachés dans le Monde, qui prenoient soin de conserver le feu sacré, éteint par-tout ailleurs, jusqu'à ce qu'enfin cette lumiére s'étendit en Angleterre en l'an 1642.

Ce fut dans le tems que trois ou quatre Sectes déchiroient la Grande-Bretagne par des Guerres Civiles entreprises au nom de Dieu, qu'un nommé George Fox, du Comté de Loicester, fils d'un Ouvrier en soye, s'avisa de prêcher en vrai Apôtre, à ce qu'il prétendoit,

c'est-

c'est-à-dire, sans savoir ni lire ni écrire. C'étoit un jeune homme de vingt-cinq ans, de mœurs irréprochables & saintement fou. Il étoit vêtu de cuir depuis les pieds jusqu'à la tête, il alloit de Village en Village, criant contre la Guerre & contre le Clergé. S'il n'avoit prêché que contre les gens de guerre, il n'avoit rien à craindre; mais il attaquoit les gens d'Eglise. Il fut bien-tôt mis en prison; on le mena à Darby devant le Juge de Paix. Fox se presenta au Juge avec son bonnet de cuir sur la tête. Un Sergent lui donna un grand soufflet, en lui disant: »Gueux, ne sais-tu pas qu'il faut » paroître tête nue devant Mr. le Juge? « Fox tendit l'autre joue, & pria le Sergent de vouloir bien lui donner un autre soufflet pour l'amour de Dieu. Le Juge de Darby voulut lui faire prêter serment avant de l'interroger. Mon ami, sache, dit-il au Juge, que je ne prends jamais le Nom de Dieu en vain. Le Juge voyant que cet homme le tutoyoit, l'envoya aux Petites-Maisons de Darby pour y être fouetté. George Fox alla en louant Dieu à l'Hôpital des fous, où l'on ne manqua pas d'exécuter à la rigueur la sentence du Juge. Ceux qui lui infligérent la pénitence du fouet furent bien surpris, quand il les pria de lui appliquer encore quelques coups de verges pour le bien de son ame. Ces Messieurs ne se firent pas prier: Fox eut sa double dose, dont il les
remercia

remercia très-cordialement ; puis il se mit à les prêcher. D'abord on rit, ensuite on l'écouta ; & comme l'enthousiasme est une maladie qui se gagne, plusieurs furent persuadés, & ceux qui l'avoient fouetté devinrent ses premiers disciples. Délivré de sa prison, il courut les champs avec une douzaine de Prosélytes, prêchant toujours contre le Clergé, & fouetté de tems en tems. Un jour étant mis au Pilori, il harangua tout le peuple avec tant de force, qu'il convertit une cinquantaine d'Auditeurs, & mit le reste tellement dans ses intérêts, qu'on le tira en tumulte du trou où il étoit ; on alla chercher le Curé Anglican, dont le crédit avoit fait condamner Fox à ce supplice, & on le pilioria à sa place.

Il osa bien convertir quelques Soldats de Cromwel, qui quittèrent le métier des armes, & refusèrent de prêter le serment. Cromwel ne vouloit pas d'une Secte où l'on ne se battoit point, de même que Sixte-Quint auguroit mal d'une Secte, *dove non si chiavava* : il se servit de son pouvoir pour persécuter ces nouveaux venus. On en remplissoit les prisons ; mais les persécutions ne servent presque jamais qu'à faire des Prosélytes. Ils sortoient de leurs prisons affermis dans leur créance, & suivis de leurs Geoliers qu'ils avoient convertis. Mais voici ce qui contribua le plus à étendre la Secte. Fox se croyoit inspiré ; il crut par conséquent

féquent devoir parler d'une maniére différente des autres hommes. Il se mit à trembler, à faire des contorsions & des grimaces, à retenir son haleine, à la pousser avec violence; la Prêtresse de Delphes n'eut pas mieux fait. En peu de tems il aquit une grande habitude d'inspiration, & bien-tôt après il ne fut plus guère en son pouvoir de parler autrement. Ce fut le premier don qu'il communiqua à ses Disciples. Ils firent de bonne-foi toutes les grimaces de leur Maître; ils trembloient de toutes leurs forces au moment de l'inspiration. De-là ils en eurent le nom de *Quakers*, qui signifie *Trembleurs*. Le petit Peuple s'amusoit à les contrefaire; on trembloit, on parloit du nez, on avoit des convulsions, & on croyoit avoir le Saint-Esprit. Il leur falloit quelques miracles; ils en firent.

Le Patriarche Fox dit publiquement à un Juge de Paix, en presence d'une grande assemblée : *Ami, prends-garde à toi, Dieu te punira bien-tôt de persecuter les Saints.* Ce Juge étoit un yvrogne, qui s'enyvroit tous les jours de mauvaise Biére & d'Eau-de-vie; il mourut d'apopléxie deux jours après, précisément comme il venoit de signer un ordre pour envoyer quelques Quakers en prison. Cette mort soudaine ne fut point atribuée à l'intempérance du Juge : tout le monde la regarda comme un effet des prédictions du saint homme; cette mort fit plus de Quakers, que mille le Sermons & autant de convulsions n'en auroient pû faire. Cromwel voyant que leur nombre augmentoit tous les jours, voulut les attirer à son parti : il leur fit offrir de l'argent ; mais ils furent incorruptibles ; & il dit un jour que cette Religion étoit la seule contre laquelle il n'avoit pu prévaloir avec des guinées.

Ils furent quelquefois persécutés sous Charles II. non pour leur Religion, mais pour ne vouloir pas payer les dixmes au Clergé, pour tutoyer les Magistrats, & refuser de prêter les serments prescrits par la Loi.

Enfin Robert Barclay, Ecossois, présenta au Roi en 1675. son Apologie des Quakers, Ouvrage aussi bon qu'il pouvoit l'être. L'Epître Dédicatoire à Charles II. contient, non des basses flatteries, mais des véritez hardies, & des conseils justes. » Tu as goûté,
» dit-il à Charles, à la fin de cette Epître,
» de la douceur & de l'amertume, de la
» prospérité & des plus grands malheurs : tu
» as été chassé des Pays où tu régnes, tu
» as senti le poids de l'oppression, & tu dois
» savoir combien l'Oppresseur est détestable
» devant Dieu & devant les hommes : que si
» après tant d'épreuves & de bénédictions
» ton cœur s'endurcissoit, & oublioit le Dieu
» qui s'est souvenu de toi dans tes disgraces,
» ton crime en seroit plus grand, & ta con-
» damnation plus terrible ; au lieu donc d'é-
» couter

» couter les flateurs de ta Cour, écoute la
» voix de ta Conscience qui ne te flatera ja-
» mais. Je suis ton fidèle ami & sujet, BAR-
» CLAY. «

Ce qui est plus étonnant, c'est que cette Lettre écrite à un Roi, par un particulier obscur, eut son effet, & que sa persécution cessa.

HISTOIRE

HISTOIRE DES QUAKERS.

CHAPITRE VI.

ENVIRON ce tems parut l'illustre Guillaume Pen, qui établit la puissance des Quakers en Amérique, & qui les auroit rendus respectacles en Europe, si les hommes pouvoient respecter la Vertu sous des apparences ridicules. Il étoit fils unique du Chevalier Pen, Vice-Amiral d'Angleterre, & favori du Duc d'Yorck, depuis Jâques II.

Guillaume Pen, à l'âge de quinze ans, rencontra un Quaker à Oxford, où il faisoit ses études : ce Quaker le persuada, & le jeune homme, qui étoit vif, naturellement éloquent, & qui avoit de l'ascendant dans sa Physionomie & dans ses maniéres, gagna bien-tôt quelques-uns de ses camarades : il établit insensiblement une Société de jeunes Quakers qui s'assems'assembloient chez lui ; desorte qu'il se trouva Chef de Secte à l'âge de seize ans.

De retour chez le Vice-Amiral son pere, au sortir du Collége ; au lieu de se mettre à genoux devant lui, & de lui demander sa bénédiction, selon l'usage des Anglais ; il l'aborda le chapeau sur la tête, & lui dit : *Je suis fort aise, l'ami, de te voir en bonne santé.* Le Vice-Amiral crut que son fils étoit devenu fou ; il s'apperçût bien-tôt qu'il étoit Quaker. Il mit en usage tous les moyens que la prudence humaine peut employer pour l'engager à vivre comme un autre ; le jeune homme ne répondit à son pere qu'en l'exhortant à se faire Quaker lui-même. Enfin le pere se relâcha à ne lui demander autre chose, sinon qu'il allât voir le Roi & le Duc d'Yorck le chapeau sous le bras, & qu'il ne les tutoyât point. Guillaume répondit que sa conscience ne le lui permettoit pas, & qu'il valoit mieux obéir à Dieu qu'aux hommes : le pere indigné & au desespoir, le chassa de sa Maison. Le jeune Pen remercia Dieu de ce qu'il souffroit déja pour sa cause ; il alla prêcher dans la Cité ; il y fit beaucoup de Prosélytes.

Les Prêches des Ministres éclaircissoient tous les jours ; & comme il étoit jeune, beau, & bien fait, les femmes de la Cour & de la Ville accouroient dévotement pour l'entendre. Le Patriarche George Fox vint du fond

de

de l'Angleterre le voir à Londres, sur sa réputation; tous deux résolurent de faire des Missions dans les Pays étrangers; ils s'embarquèrent pour la Hollande, après avoir laissé des Ouvriers en assez bon nombre, pour avoir soin de la Vigne de Londres.

Leurs travaux eurent un heureux succès à Amsterdam; mais ce qui leur fit plus d'honneur, & ce qui mit le plus leur humilité en danger, fut la réception que leur fit la Princesse Palatine Elizabeth, tante de George I. Roi d'Angleterre, femme illustre par son esprit & par son savoir, & à qui Descartes avoit dédié son Roman de Philosophie.

Elle étoit alors retirée à la Haye, où elle vit *les Amis*; car c'est ainsi qu'on appelloit alors les Quakers en Hollande. Elle eut plusieurs conférences avec eux; ils prêchérent souvent chez elle; & s'ils ne firent pas d'elle une parfaite Quakeresse, ils avouérent au moins qu'elle n'étoit pas loin du Royaume des Cieux. Les Amis sémérent aussi en Allemagne, mais il y recueillirent peu; on ne goûta pas la mode de tutoyer dans un Pays où il faut prononcer toujours les termes d'Altesse & d'Excellence. Pen repassa bien-tôt en Angleterre, sur la nouvelle de la maladie de son pere; il vint recueillir ses derniers soupirs. Le Vice-Amiral se réconcilia avec lui, & l'embrassa avec tendresse, quoiqu'il fût d'une différente Religion. Mais
Guillaume

Guillaume l'exhorta en vain à ne point recevoir le Sacrement, & à mourir Quaker; & le vieux bon homme recommanda inutilement à Guillaume d'avoir des boutons sur ses manches & des ganses à son chapeau.

Guillaume hérita de grands biens, parmi lesquels il se trouvoit des dettes de la Couronne pour des avances faites par le Vice-Amiral dans des Expéditions maritimes. Rien n'étoit moins assuré alors que l'argent du par le Roi. Pen fut obligé d'aller tutoyer Charles II. & ses Ministres, plus d'une fois, pour son payement. Le Gouvernement lui donna en 1680. au lieu d'argent, la propriété & la Souveraineté d'une Province d'Amérique, au Sud de Maryland. Voilà un Quaker devenu Souverain. Il partit pour ses nouveaux Etats avec deux Vaisseaux chargez de Quakers, qui le suivirent. On appella dès-lors le Pays *Pensilvania*, du nom de Pen : il y fonda la Ville de Philadelphie, qui est aujourd'hui très-florissante. Il commença par faire une Ligue avec les Amériquains ses voisins. C'est le seul Traité entre ces Peuples & les Chrétiens qui n'ait point été juré, & qui n'ait point été rompu. Le nouveau Souverain fut aussi le Législateur de la Pensilvanie ; il donna des Loix très-sages, dont aucune n'a été changée depuis lui. La première est de ne maltraiter personne au sujet de la Religion, & de regarder comme
freres

freres tous ceux qui croyent un Dieu.

A peine eut-il établi son Gouvernement, que plusieurs Marchands de l'Amérique vinrent peupler cette Colonie. Les Naturels du Pays, au lieu de fuir dans les Forêts s'acoutumérent insensiblement avec les pacifiques Quakers. Autant ils détestoient les autres Chrétiens, conquérens & destructeurs de l'Amérique, autant ils aimoient ces nouveaux venus. En peu de tems ces prétendus Sauvages, charmés de la douceur de ces voisins, vinrent en foule demander à Guillaume Pen de les recevoir au nombre de ses Vassaux. C'étoit un spectacle bien nouveau, qu'un Souverain que tout le monde tutoyoit, & à qui on parloit le chapeau sur la tête; un Gouvernement sans Prêtres, un Peuple sans Armes, des Citoyens tous égaux, à la Magistrature près, & des Voisins sans jalousie. Guillaume Pen pouvoit se vanter d'avoir apporté sur la Terre l'Age d'Or, dont on parle tant, & qui n'a vraisemblablement existé qu'en Pensilvanie.

Il revint en Angleterre pour les affaires de son nouveau Pays, après la mort de Charles II. Le Roi Jâques, qui avoit aimé son pere, eut la même affection pour le fils, & ne le considéra plus comme un Sectaire obscur, mais comme un très-grand homme. La politique du Roi s'accordoit en cela avec son goût. Il avoit envie de flatter les Quakers en
abolissant

aboliſſant les Loix faites contre les Non-Conformiſtes, afin de pouvoir introduire la Religion Catholique à la faveur de cette liberté. Toutes les Sectes d'Angleterre virent le piége, & ne s'y laiſſérent pas prendre; elles ſont toujours réunies contre le Catholicisme, leur ennemi commun. Mais Pen ne crut pas devoir renoncer à ſes principes, pour favoriſer des Proteſtans qui le haïſſoient, contre un Roi qui l'aimoit. Il avoit établi la liberté de conſcience en Amérique; il n'avoit pas envie de vouloir paroître la détruire en Europe; il demeura donc fidèle à Jaques II. au point, qu'il fut généralement accuſé d'être Jéſuite. Cette calomnie l'affligea ſenſiblement; il fut obligé de s'en juſtifier par des Ecrits publics. Cependant le malheureux Jaques II. qui, comme preſque tous les Stuards, étoit un compoſé de grandeur & de foibleſſe, & qui, comme eux, en fit trop & trop peu, perdit ſon Royaume ſans qu'il y eût une épée de tirée, & ſans qu'on pût dire comment la choſe arriva.

Toutes les Sectes Angloiſes reçurent de Guillaume III. & de ſon Parlement, cette même liberté, qu'elles n'avoient pas voulu tenir des mains de Jaques. Ce fut alors que les Quakers commencérent à joüir par la force des Loix de tous les Priviléges dont ils ſont en poſſeſſion aujourd'hui. Pen, après avoir vu enfin ſa Secte établie ſans contradiction dans
le

le Pays de sa naissance, retourna en Pensilvanie. Les siens & les Amériquains le reçurent avec des larmes de joye, comme un pere qui revenoit voir ses enfans. Toutes ses Loix avoient été religieusement observées pendant son absence ; ce qui n'étoit arrivé à aucun Législateur avant lui. Il resta quelques années à Philadelphie : il en partit enfin malgré lui, pour aller solliciter à Londres des avantages nouveaux en faveur du Commerce des Pensilvains ; il ne les revit plus, il mourut à Londres en 1718.

Je ne puis deviner quel sera le sort de la Religion des Quakers en Amérique ; mais je vois qu'elle dépérit tous les jours à Londres. Par tout Pays la Religion dominante, quand elle ne persécute point, engloutit à la longue toutes les autres. Les Quakers ne peuvent être Membres du Parlement, ni posséder aucun Office, parce qu'il faudroit prêter serment, & qu'ils ne veulent point jurer ; ils sont réduits à la nécessité de gagner de l'argent par le commerce. Leurs enfans, enrichis par l'industrie de leurs peres, veulent jouïr, avoir des honneurs, des boutons, & des manchettes ; ils sont honteux d'être appellés Quakers, & se font Protestans pour être à la mode.

DE LA RELIGION ANGLICANE.

CHAPITRE VII.

'E s t ici le Pays des Sectes : *multæ sunt mansiones in domo patris mei ;* un Anglais comme homme libre, va au Ciel par le chemin qu'il lui plaît.

Cependant, quoique chacun puisse ici servir Dieu à sa mode, leur véritable Religion, celle où l'on fait fortune, est la Secte des Episcopaux, appellée l'Eglise Anglicane, ou l'Eglise par excellence. On ne peut avoir d'emploi ni en Angleterre, ni en Irlande, sans être du nombre des fidèles Anglicans. Cette raison, qui est une excellente preuve, a converti tant de Nonconformistes, qu'aujourd'hui il n'y a pas la vingtième partie de la Nation qui soit hors du giron de l'Eglise dominante.

Le Clergé Anglican a retenu beaucoup des Cérémonies Catholiques, & sur-tout celle de

rece-

recevoir les Dixmes avec une attention très-scrupuleuse. Ils ont aussi la pieuse ambition d'être les Maîtres; car quel Vicaire de Village ne voudroit pas être Pape?

De plus, ils fomentent, autant qu'ils peuvent, dans leurs Ouailles un saint zèle contre les Nonconformistes. Ce zèle étoit assez vif sous le gouvernement des Toris, dans les dernières années de la Reine Anne : mais il ne s'étendoit pas plus loin qu'à casser quelquefois les vitres des Chapelles hérétiques; car la rage des Sectes a fini en Angleterre avec les Guerres civiles, & ce n'étoit plus sous la Reine Anne que les bruits sourds d'une Mer encore agitée long-tems après la tempête. Quand les Whigs & les Toris déchirérent leur Pays, comme autrefois les Guelphes & les Gibelins, il fallut bien que la Religion entrât dans les partis; les Toris étoient pour l'Episcopat, les Wighs le vouloient abolir : mais ils se sont contentés de l'abaisser, quand ils ont été les Maîtres.

Du tems que le Comte Harlay d'Oxford & Mylord Bolingbroke faisoient boire la santé des Toris, l'Église Anglicane les regardoit comme les défenseurs de ses saints Privilèges. L'Assemblée du bas Clergé, qui est une espèce de Chambre des Communes, composée d'Ecclésiastiques, avoit alors quelque crédit; elle jouissoit au moins de la liberté de s'assembler, de raisonner de Controverse, & de faire

H 2 brûler

brûler de tems en tems quelques Livres impies; c'est-à-dire, écrits contre elle. Le Ministre, qui est Whig aujourd'hui, ne permet pas seulement à ces Messieurs de tenir leur Assemblée, ils sont réduits dans l'obscurité de leur Paroisse au triste emploi de prier Dieu pour le Gouvernement, qu'ils ne seroient pas fâchés de troubler.

Quant aux Evêques, qui sont vingt & six en tout, ils ont séance dans la Chambre-Haute, en dépit des Whigs, parce que la coutume ou l'abus de les regarder comme Barons subsiste encore. Il y a une clause dans le Serment que l'on prête à l'Etat, laquelle exerce bien la patience Chrétienne de ces Messieurs; on y promet d'être de l'Eglise, comme elle est établie par la Loi. Il n'y a guère d'Evêques, de Doyens, d'Archiprêtres, qui ne pensent l'être de droit divin; c'est donc un grand sujet de mortification pour eux d'être obligés d'avouer, qu'ils tiennent d'une misérable Loi faite par des profanes Laïques. Un savant Religieux (le Pere Courayer) a écrit depuis peu un Livre pour prouver la validité & la succession des Ordinations Anglicanes. Cet Ouvrage a été proscrit en France; mais croyés-vous qu'il ait plu au Ministére d'Angleterre? Point du tout; les maudits Whigs se soucient très-peu que la succession Episcopale ait été interrompue chez eux ou non, & que l'Evê-

que

que Parker ait été consacré dans un Cabaret (comme on le veut) ou dans une Eglise ; ils aiment mieux même que les Evêques tirent leur autorité du Parlement que des Apôtres. Le Lord B.... dit que cette idée de Droit Divin ne serviroit qu'à faire des tyrans en camail & en rochet ; mais que la Loi fait des Citoyens.

A l'égard des mœurs, le Clergé Anglican est plus réglé que celui de France, & en voici la cause. Tous les Ecclésiastiques sont élevés dans l'Université d'Oxford, ou dans celle de Cambridge, loin de la corruption de la Capitale. Ils ne sont appellés aux dignités de l'Eglise que très-tard, & dans un âge où les hommes n'ont d'autres passions que l'avarice, lorsque leur ambition manque d'alimens. Les emplois sont ici la récompense des longs services dans l'Eglise aussi-bien que dans l'Armée : on n'y voit pas de jeunes gens Evêques ou Colonels au sortir du Collège ; de plus, les Prêtres sont presque tous mariés. La mauvaise grace contractée dans l'Université, & le peu de commerce qu'on a ici avec les femmes, font que d'ordinaire un Evêque est forcé de se contenter de la sienne. Les Prêtres vont quelquefois au Cabaret, parce que l'usage le leur permet ; & s'ils s'enyvrent, c'est sérieusement & sans scandale.

Cet Etre indéfinissable, qui n'est ni Eccléfiaftique ni Séculier : en un mot, ce que l'on appelle un Abbé, eft une efpèce inconnue en Angleterre ; les Eccléfiaftiques font tous ici réfervés & prefque tous pédans. Quand ils apprennent qu'en France de jeunes gens, connus par leurs débauches, & élevés à la Prélature par des intrigues de femmes, font publiquement l'amour, s'égayent à compofer des chanfons tendres, donnent tous les jours des foupers délicats & longs, & de-là vont implorer les lumiéres du Saint-Efprit, & fe nomment hardiment les Succeffeurs des Apôtres, ils remercient Dieu d'être Proteftans ; mais ce font de vilains Hérétiques à brûler à tous les Diables, comme dit Maître François Rabelais. C'eft pourquoi je ne me mêle point de leurs affaires.

DES PRESBYTERIENS

CHAPITRE VIII.

LA Religion Anglicane ne s'étend qu'en Angleterre & en Irlande ; le Presbytéranisme est la Religion dominante en Ecosse. Ce Presbytéranisme n'est autre chose que le Calvinisme pur, tel qu'il avoit été établi en France, & qu'il subsiste à Genève. Comme les Prêtres de cette Secte ne reçoivent dans les Eglises que des gages très-médiocres, & que par conséquent ils ne peuvent vivre dans le même luxe que les Evêques, ils ont pris le parti naturel de crier contre des honneurs où ils ne peuvent ateindre. Figurez-vous l'orgueilleux Diogène, qui fouloit aux pieds l'orgueil de Platon; les Presbyteriens d'Ecosse ne ressemblent pas mal à ce fier & gueux raisonneur ; ils traitérent Charles II. avec bien moins d'égards, que Diogène n'avoit traité Alexandre. Car lorsqu'il prirent les armes pour lui contre Cromwel qui les avoit trompez, ils firent essuyer à ce pauvre Roi quatre Sermons par jour: ils lui défendoient de jouer; ils le mettoient en pénitence, si bien que Charles se lassa bien-tôt d'être Roi de ces Pédans & s'échappa de leurs mains, comme un Ecolier se sauve du Collége.

Devant un jeune & vif Bachelier Français, criaillant le matin dans les Ecoles de Théologie, le soir chantant avec les Dames, un Théologien Anglican est un Caton; mais ce Caton paroît un Galant devant un Presbytérien d'Ecosse. Ce dernier affecte une démarche grave, un air fâché, un vaste chapeau, un long manteau par-dessus un habit court; prêche du nez, & donne le nom de la Prostituée de Babylone à toutes les Eglises, où quelques Ecclésiastiques sont assez heureux d'avoir cinquante mille livres de rente, & où le Peuple est assez bon pour le souffrir & pour les appeler Monseigneur, Votre Grandeur, & Votre Eminence.

Ces Messieurs, qui ont aussi quelques Eglises en Angleterre, ont mis les airs graves & sévères à la mode en ce Pays. C'est à eux qu'on doit la sanctification du Dimanche dans les trois Royaumes. Il est défendu ce jour-là de travailler & de se divertir; ce qui est le double de la sévérité des Eglises Catholiques. Point d'Opéra, point de Comédies, point de Concerts à Londres le Dimanche; les Cartes même me y sont si expressément défendues, qu'il n'y a que les personnes de qualité, & ce qu'on appelle les honnêtes-gens, qui jouent ce jour-là ; le reste de la Nation va au Sermon, au Cabaret & chez les filles-de-joye.

Quoique la Secte Episcopale & la Presbytérienne soient les deux dominantes dans la Grande-Bretagne, toutes les autres y sont bien venues & vivent assez bien ensemble, pendant que la plûpart de leurs Prédicans se détestent réciproquement, avec presque autant de cordialité qu'un Janséniste damne un Jésuite.

Entrez dans la Bourse de Londres, cette Place plus respectable que bien des Cours, dans laquelle s'assemblent les Députés de toutes les Nations pour l'utilité des hommes. Là le Juif, le Mahométan & le Chrétien, traitent l'un avec l'autre comme s'ils étoient de la même Religion, & ne donnent le nom d'infidèles qu'à ceux qui font banqueroute. Là le Presbytérien se fie à l'Anabaptiste, & l'Anglican reçoit la promesse du Quaker. Au sortir de ces pacifiques & libres Assemblées, les uns vont à la Synagogue, les autres vont boire : celui-ci va se faire baptiser dans une grande Cuve, au nom du Père, par le Fils, au S. Esprit : celui-là fait couper le prépuce de son fils, & fait marmotter sur l'enfant des paroles Hébraïques qu'il n'entend point ; les autres vont dans leur Eglise attendre l'inspiration de Dieu, leur cha-

chapeau sur la tête, & tous sont contens.

S'il n'y avoit en Angleterre qu'une Religion, le Despotisme seroit à craindre : s'il n'y en avoit que deux, elles se couperoient la gorge; mais il y en a trente, & elles vivent en paix & heureuses.

DES SOCINIENS, OU ARIENS, OU TITRINITAIRES.

CHAPITRE IX.

Il y a ici une petite Secte, composée d'Ecclésiastiques & de quelques Séculiers très-savans, qui ne prennent ni le nom d'Ariens, ni celui de Sociniens; mais qui ne sont point du tout de l'avis de St. Athanase sur le chapitre de la Trinité, & qui vous disent nettement, que le Pere est plus grand que le Fils.

Vous souvenez-vous d'un certain Evêque Orthodoxe, qui pour convaincre un Empereur de la Confubftantiation, s'avifa de prendre le fils de l'Empereur fous le menton & de lui tirer le nez en prefence de fa facrée Majefté ? L'Empereur alloit faire jetter l'Evêque par les fenêtres, quand le bon-homme lui dit ces belles & convaincantes paroles. „Seigneur, » fi Votre Majefté eft fi fâchée que l'on manque » de refpect à fon fils ; comment penfez-vous » que Dieu le pere traitera ceux qui refufent à » Jefus-Chrift les titres qui lui font dus ? « Les gens dont je vous parle difent que le S. Evêque étoit fort mal-avifé, que fon argument n'étoit rien moins que concluant & que l'Empereur devoit lui répondre : » Apprenez qu'il » y a deux façons de me manquer de refpect ; » la premiére, de ne rendre pas affez d'honneur à mon fils ; & la feconde, de lui en rendre autant qu'à moi.

Quoi qu'il en foit, le parti d'Arius commence à revivre en Angleterre, auffi-bien qu'en Hollande & en Pologne. Le grand Mr. Newton faifoit à cette opinion l'honneur de la favorifer. Ce Philofophe penfoit que les Unitaires raifonnoient plus géometriquement que nous. Mais le plus ferme patron de la Doctrine Arienne, eft l'illuftre docteur Clarke. Cet homme eft d'une vertu rigide, & d'un caractère doux, plus amateur de fes opinions que paffionné pour faire des Profélytes, uniquement occupé de calculs & de démonftrations,

avecaveugle & sourd pour tout le reste, une vraye machine à raisonnemens.

C'est lui qui est l'Auteur d'un Livre assez peu entendu, & estimé, sur l'existence de Dieu; & d'un autre plus intelligible, mais assez méprisé, sur la vérité de la Religion Chrétienne.

Il ne s'est point engagé dans de belles disputes Scholastiques, que notre ami appelle de vénérables billevesées; il s'est contenté de faire imprimer un Livre, qui contient tous les témoignages des premiers Siècles pour & contre les Unitaires, & a laissé au Lecteur le soin de compter les voix & de juger. Ce Livre du Docteur lui a attiré beaucoup de partisans; mais l'a empêché d'être Archevêque de Cantorbéry. Car lorsque la Reine Anne voulut lui donner ce Poste, un Docteur nommé Gibson, qui avoit sans doute ses raisons, dit à la Reine: MADAME, Mr. Clarke est le plus savant & le plus honnête homme du Royaume, il ne lui manque qu'une chose. Et quoi, dit la Reine? C'est d'être Chrétien, dit le Docteur bénévole. Je crois que Clarke s'est trompé dans son calcul, & qu'il valoit mieux être Primat Orthodoxe d'Angleterre que Curé Arien.

Vous voyez quelles révolutions arrivent dans les opinions comme dans les Empires. Le Parti d'Arius après trois cens ans de triomphe, & douze Siècles d'oubli, renaît enfin de de sa cendre ; mais il prend très-mal son tems de reparoître dans un âge où tout le monde est rassasié de disputes & de Sectes. Celle-ci est encore trop petite pour obtenir la liberté des Assemblées publiques, elle l'obtiendra sans doute si elle devient plus nombreuse ; mais on est si tiède à présent sur tout cela, qu'il n'y a plus guère de fortune à faire pour une Religion nouvelle, ou renouvellée. N'est-ce pas une chose plaisante que Luther, Calvin, Zuingle, tous Ecrivains qu'on ne peut lire, ayent fondé des Sectes qui partagent l'Europe : que l'ignorant Mahomet ait donné une Religion à l'Asie & à l'Afrique ; & que Messieurs Newton, Clarke, Lock, le Clerc, &c. les plus grands Philosophes & les meilleures Plumes de leur tems, ayent pu à peine venir à bout d'établir un petit Troupeau, qui même diminue tous les jours ?

Voilà ce que c'est que de venir au monde à propos. Si le Cardinal de Retz reparoissoit aujourd'hui, il n'ameuteroit pas dix femmes dans Paris.

Si Cromwel renaissoit, lui qui a fait couper la tête à son Roi & s'est fait Souverain, il seroit un simple Marchand de Londres.

DU PARLEMENT.

CHAPITRE X.

Les Membres du Parlement d'Angleterre aiment à se comparer aux anciens Romains, autant qu'ils le peuvent.

Il n'y a pas long-tems que Mr. Schipping dans la Chambre des Communes, commença son discours par ces mots : *La Majesté du Peuple Anglais seroit blessée*. La singularité de l'expression causa un grand éclat de rire ; mais sans se déconcerter, il répéta les mêmes paroles d'un air ferme, & on ne rit plus. J'avoue que je ne vois rien de commun entre la Majesté du peuple Anglois & celle du Peuple Romain, encore moins entre leurs Gouvernemens. Il y a un Sénat à Londres dont quelques Membres sont soupçonnez, quoiqu'à tort sans doute, de vendre leurs voix dans l'occasion, comme on faisoit à Rome : voilà toute la ressemblance ; d'ailleurs les deux Nations me paroissent entiérement différentes,

soit

soit en bien, soit en mal. On n'a jamais connu chez les Romains la folie horrible des guerres de Religion; cette abomination étoit réservée à des Dévots, prêcheurs d'humilité & de patience. Marius & Sylla, Pompée & César, Antoine & Auguste, ne se battoient point pour décider si le Flamand devoit porter sa chemise par-dessus sa robbe, ou sa robbe par-dessus sa chemise; & si les Poulets sacrez devoient manger & boire, ou bien manger seulement, pour qu'on prît les augures. Les Anglais se sont fait pendre autrefois réciproquement à leurs Assises, & se sont détruits en bataille rangée pour des querelles de pareille espèce. La Secte des Episcopaux & le Presbytéranisme ont tourné, pour un tems, ces têtes mélancoliques. Je m'imagine que pareille sottise ne leur arrivera plus; ils me paroissent devenir sages à leurs dépens, & je ne leur vois nulle envie de s'égorger dorénavant pour des syllogismes. Toutefois qui peut répondre des hommes?

Voici une différence plus essentielle entre Rome & l'Angleterre, qui met tout l'avantage du côté de la dernière; c'est que le fruit des Guerres civiles à Rome a été l'esclavage, & celui des troubles d'Angleterre la liberté. La Nation Angloise est la seule de la Terre, qui soit parvenue à régler le pouvoir des Rois en leur résistant, & qui d'efforts en efforts ait enfin

enfin établi ce Gouvernement sage, où le Prince tout-puissant pour faire du bien, a les mains liées pour faire du mal, où les Seigneurs sont grands sans insolence & sans Vassaux, & où le Peuple partage le Gouvernement sans confusion (*).

La Chambre des Pairs & celle des Communes sont les Arbitres de la Nation; le Roi est le Surarbitre. Cette balance manquoit aux Romains; les Grands & le Peuple étoient toujours en division à Rome, sans qu'il y eût un pouvoir mitoyen, qui pût les accorder. Le Sénat de Rome, qui avoit l'injuste & punissable orgueil de ne vouloir rien partager avec les Plébéiens, ne connoissoit d'autre secret pour les éloigner du Gouvernement, que de les occuper toujours dans les guerres étrangères; ils regardoient le Peuple comme une Bête féroce qu'il falloit lâcher sur leurs voisins de peur qu'elle ne dévorât ses Maîtres. Ainsi le plus grand défaut du Gouvernement des Romains en fit des Conquérans; c'est parce qu'ils étoient malheureux chez eux, qu'ils devinrent les Maîtres du Monde, jusqu'à ce qu'enfin

leurs

(*) Il faut ici bien soigneusement peser les termes. Le mot de Roi ne signifie point par-tout la même chose. En France, en Espagne, il signifie un homme qui par les droits du sang est le Juge souverain & sans appel de toute la Nation. En Angleterre, en Suède, en Pologne, il signifie le premier Magistrat.

leurs divisions les rendirent esclaves.

Le Gouvernement d'Angleterre n'est point fait pour un si grand éclat, ni pour une fin si funeste ; son but n'est point la brillante folie de faire des conquêtes, mais d'empêcher que ses voisins n'en fassent. Ce Peuple n'est pas seulement jaloux de sa liberté ; il l'est encore de celle des autres. Les Anglais étoient acharnez contre Louïs XIV. uniquement parce qu'ils lui croyoient de l'ambition. Il en a coûté sans doute pour établir la liberté en Angleterre : c'est dans des Mers de sang qu'on a noyé l'Idole du Pouvoir despotique ; mais les Anglais ne croyent point avoir acheté trop cher leurs Loix. Les autres Nations n'ont pas versé moins de sang qu'eux ; mais ce sang qu'elles ont répandu pour la cause de leur liberté, n'a fait que cimenter leur servitude.

Ce qui devient une révolution en Angleterre, n'est qu'une sédition dans les autres Pays. Une Ville prend les armes pour défendre ses Privilèges, soit en Barbarie, soit en Turquie ; aussi-tôt des Soldats mercenaires la subjuguent, des Bourreaux la punissent, & le reste de la Nation baise ses chaînes. Les Français pensent que le Gouvernement de cette Isle est plus orageux que la Mer qui l'environne, & cela est vrai ; mais c'est quand le Roi commence la tempête ; c'est quand il veut se rendre le Maître du Vaisseau dont il n'est que le pre-

premier Pilote. Les Guerres Civiles de France ont été plus longues, plus cruelles, plus fécondes en crimes que celles d'Angleterre; mais de toutes ces Guerres Civiles aucune n'a eu une liberté fage pour objet.

Dans le tems déteftable de Charles IX. & de Henri III. il s'agiffoit feulement de favoir fi on feroit l'efclave des Guifes; pour la derniére guerre de Paris elle ne mérite que des fiflets. Il me femble que je vois des Ecoliers qui fe mutinent contre le Préfet d'un Collège, & qui finiffent par être fouettez. Le Cardinal de Retz avec beaucoup d'efprit & de courage mal employez, rebelle fans aucun fujet, factieux fans deffein, Chef de parti fans Armée, cabaloit pour cabaler, & fembloit faire la guerre civile pour fon plaifir. Le Parlement de Paris ne favoit ce qu'il vouloit, ni ce qu'il ne vouloit pas. Il levoit des troupes par Arrêt, il les caffoit: il menaçoit, il demandoit pardon, il mettoit à prix la tête du Cardinal Mazarin, & enfuite venoit le complimenter en cérémonie. Nos guerres civiles fous Charles VI. avoient été cruelles; celles de la Ligue furent abominables, celle de la Fronde fut ridicule.

Ce qu'on reproche le plus en France aux Anglais, c'eft le fupplice de Charles I. (*) qui
fut

(*) Monarque digne d'un meilleur fort.

fut, & avec raifon, traité par fes vainqueurs comme il les eût traités, s'il eût été heureux. Après tout, regardés d'un côté, Charles I. vaincu en bataille rangée ; prifonnier, jugé, condamné dans Weftminfter, & décapité ; & de l'autre, l'Empereur Henri VII. empoifonné par fon Chapelain en communiant, Henri III. affaffiné par un Moine, trente affaffinats médités contre Henri IV. plufieurs exécutez ; & le dernier privant enfin la France de ce grand Roi : pefez ces attentats, & jugez.

SUR LE GOUVERNEMENT.

CHAPITRE XI.

CE mélange dans le Gouvernement d'Angleterre ; ce concert entre les Communes, les Lords & le Roi, n'a pas toujours subsisté. L'Angleterre a été long-tems esclave ; elle l'a été des Romains, des Saxons, des Danois, des Français. Guillaume le Conquérant la gouverna sur-tout avec un Sceptre de fer. Il disposoit des biens, de la vie de ses nouveaux Sujets, comme un Monarque de l'Orient ; il défendit, sous peine de mort, qu'aucun Anglais osât avoir du feu & de la lumiére chez lui passé huit heures du soir ; soit qu'il prétendît par-là prévenir leurs assemblées nocturnes, soit qu'il voulut essayer par une défense si bizarre jusqu'où peut aller le pouvoir des hommes sur d'autres hommes. Il est vrai qu'avant & après Guillaume le Conquérant les Anglais ont eu des Parlemens ; ils s'en vantent, comme si ces Assemblées, appellées alors Parlemens, composées de Tyrans Ecclésiastiques & de pillars, nommés Barons, avoient été les gardiens de la Liberté & de la Félicité publique.

Les

Les Barbares, qui des bords de la Mer Baltique fondirent dans le reste de l'Europe, apportérent avec eux l'usage de ces Etats ou Parlemens, dont on fait tant de bruit, & qu'on connoît si peu; les Rois alors n'étoient point despotiques, cela est vrai, & c'est précisément par cette raison que les Peuples gémissoient dans une servitude misérable; les Chefs de ces Sauvages, qui avoient ravagé la France, l'Italie, l'Espagne & l'Angleterre, se firent Monarques. Leurs Capitaines partagérent entr'eux les Terres des vaincus: de-là ces Margraves, ces Lairds, ces Barons, ces Sous-Tyrans, qui disputoient souvent avec des Rois mal affermis les dépoüilles des Peuples. C'étoient des Oiseaux de proye combattans contre un Aigle pour sucer le sang des Colombes: chaque Peuple avoit cent Tyrans au lieu d'un bon Maître. Des Prêtres se mirent bien-tôt de la partie; de tout tems le sort des Gaulois, des Germains, des Insulaires d'Angleterre, avoit été d'être gouvernés par leurs Druïdes & par les Chefs de leurs Villages, ancienne espéce de Barons, mais moins tyrans que leurs successeurs. Ces Druïdes se disoient médiateurs entre la Divinité & les hommes; ils faisoient des Loix; ils excommunioient, ils condamnoient à la mort. Les Evêques succédérent peu à peu à leur autorité temporelle dans le Gouvernement Goth & Vandale. Les Papes se mirent

à

à leur tête, & avec des Brefs, des Bulles & des Moines, ils firent trembler les Rois, les déposérent, les firent assassiner & tirérent à eux tout l'argent qu'ils purent de l'Europe. L'imbécile Inas, l'un des Tyrans de la Heptarchie d'Angleterre, fut le premier qui dans un Pélérinage à Rome, se soumit à payer le denier de St. Pierre (ce qui étoit environ un écu de notre monnoye) pour chaque Maison de son Territoire. Toute l'Isle suivit bien-tôt cet exemple ; l'Angleterre devint petit-à-petit une Province du Pape ; le St. Pere y envoyoit de tems en tems ses Légats pour y lever des impôts exorbitans ; Jean-sans-Terre fit enfin une cession en bonne forme de son Royaume à Sa Sainteté qui l'avoit excommunié ; & les Barons qui n'y trouvérent pas leur compte, chassérent ce misérable Roi, & mirent à sa place Louïs VIII. Pere de St. Louïs Roi de France. Mais ils se dégoûtérent bien-tôt de ce nouveau venu & lui firent repasser la Mer.

Tandis que les Barons, les Evêques, les Papes déchiroient tous ainsi l'Angleterre, où tous vouloient commander ; le Peuple, la plus nombreuse, la plus utile, & même la plus vertueuse partie des hommes, composée de ceux qui étudient les Loix & les Sciences, des Négocians, des Artisans ; le Peuple, dis-je, étoit regardé par eux comme des Animaux au-dessous de l'homme. Il s'en falloit bien que les
Commu-

Communes eussent alors part au Gouvernement; c'étoient des Vilains, leur travail, leur sang appartenoient à leurs Maîtres, qui s'appelloient Nobles. Le plus grand nombre des hommes étoit en Europe ce qu'ils sont encore en plusieurs endroits du Monde, serfs d'un Seigneur, espéce de Bétail qu'on vend & qu'on achette avec la Terre. Il a fallu des Siècles pour rendre justice à l'humanité, pour sentir qu'il étoit horrible que le grand nombre semât & que le petit recueillît; & n'est-ce pas un bonheur pour les Français, que l'autorité de ces petits Brigands ait été éteinte en France par la puissance légitime des Rois, & en Angleterre par celle du Roi & de la Nation ?

Heureusement dans les secousses que les querelles des Rois & des Grands donnoient aux Empires, les fers des Nations se sont plus ou moins relâchés, la Liberté est née en Angleterre des querelles des Tyrans. Les Barons forcérent Jean-sans-Terre & Henri III. à accorder cette fameuse Charte, dont le principal but étoit à la vérité de mettre les Rois dans la dépendance des Lords; mais dans laquelle le reste de la Nation fut un peu favorisé, afin que dans l'ocasion elle se rangeât du parti de ses prétendus Protecteurs. Cette grande Charte, qui est regardée comme l'origine sacrée des Libertez Anglaises, fait bien voir elle-même combien peu la Liberté étoit connue; le
titre

titre seul prouve que le Roi se croyoit absolu de droit, & que les Barons & le Clergé même ne le forçoient à se relâcher de ce droit prétendu, que parce qu'ils étoient les plus forts.

Voici comme commence la grande Charte : » Nous accordons de notre libre volonté les » Privilèges suivans aux Archevêques, Evê- » ques, Abbés, Prieurs & Barons de notre » Royaume, &c. «

Dans les Articles de cette Charte il n'est pas dit un mot de la Chambre des Communes, preuve qu'elle n'existoit pas encore, ou qu'elle existoit sans pouvoir ; on y spécifie les hommes libres d'Angleterre, triste démonstration qu'il y en avoit qui ne l'étoient pas ; on voit par l'Article XXXII. que les hommes prétendus libres devoient des services à leur Seigneur. Une telle Liberté tenoit encore beaucoup de l'esclavage.

Par l'Article XXI. le Roi ordonne que ses Officiers ne pourront dorénavant prendre de force les Chevaux & les Charettes des hommes libres, qu'en payant. Ce Réglement parut au Peuple une vraie Liberté, parce qu'il ôtoit une plus grande Tyrannie. Henri VII. Usurpateur heureux & grand Politique, qui faisoit semblant d'aimer les Barons, mais qui les haïssoit & les craignoit, s'avisa de procurer l'aliénation de leurs Terres. Par-là les Vilains, qui dans la suite aquirent du bien par leurs travaux

vaux, achetérent les Châteaux des illuftres Pairs qui s'étoient ruinés par leur folie : peu-à-peu toutes les Terres changérent de Maître.

La Chambre des Communes devint de jour en jour plus puiffante. Les familles des anciens Pairs s'éteignirent avec le tems ; & comme il n'y a proprement que les Pairs qui foient Nobles en Angleterre, dans la rigueur de la Loi, il n'y auroit plus du tout de Nobleffe en ce Pays-là, fi les Rois n'avoient pas créé de nouveaux Barons de tems en tems, & confervé le Corps des Pairs qu'ils avoient tant craint autrefois, pour l'oppofer à celui des Communes, devenu trop redoutable.

Tous ces nouveaux Pairs qui compofent la Chambre-Haute, reçoivent du Roi leur titre, & rien de plus : prefqu'aucun d'eux n'a la Terre dont il porte le nom. L'un eft Duc de Dorfet, & n'a pas un pouce de terre en Dorfetshire ; l'autre eft Comte d'un Village, qui fait à peine où ce Village eft fitué. Ils ont du pouvoir dans le Parlement, non ailleurs.

Vous n'entendez point ici parler de haute, moyenne & baffe Juftice, ni du droit de chaffer fur les Terres d'un Citoyen, lequel n'a pas la liberté de tirer un coup de fufil fur fon propre champ.

Un homme, parce qu'il eft Noble, ou Prêtre, n'eft point ici exempt de payer certaines taxes; tous les impôts font réglés par la Chambre des

Com-

Communes, qui n'étant que de la seconde par son rang, est la première par son crédit.

Les Seigneurs & les Evêques peuvent bien rejetter le Bill des Communes, lorsqu'il s'agit de lever de l'argent; mais il ne leur est pas permis d'y rien changer; il faut, ou qu'ils le reçoivent, ou qu'ils le rejettent sans restriction. Quand le Bill est confirmé par les Lords & approuvé par le Roi, alors tout le monde paye; chacun donne, non selon sa qualité (ce qui seroit absurde) mais selon son revenu. Il n'y a point de taille, ni de capitation arbitraire, mais une taxe réelle sur les Terres; elles ont toutes été évaluées sous le fameux Roi Guillaume III.

La taxe subsiste toujours la même, quoique les revenus des terres ayent augmenté; ainsi personne n'est foulé & personne ne se plaint; le Paysan n'a point les pieds meurtris par des sabots; il mange du pain blanc, il est bien vétu, il ne craint point d'augmenter le nombre de ses Bestiaux, ni de couvrir son toît de tuiles, de peur que l'on ne hausse ses impôts l'année d'après. Il y a ici beaucoup de Paysans qui ont environ cinq ou six cens livres sterling de revenu, & qui ne dédaignent pas de continuer à cultiver la terre qui les a enrichis & dans laquelle ils vivent libres.

SUR LE COMMERCE

CHAPITRE XII.

LE Commerce, qui a enrichi les Citoyens en Angleterre, a contribué à les rendre libres, & cette liberté a étendu le Commerce à son tour; de-là s'est formée la grandeur de l'Etat. C'est le Commerce qui a établi peu-à-peu les forces navales, par qui les Anglais sont Maîtres des Mers; ils ont à present près de deux cens Vaisseaux de guerre. La postérité apprendra peut-être avec surprise, qu'une petite Isle, qui n'a de soi-même qu'un peu de Bled, de Plomb, de l'Etain, de la terre à foulon, & de la laine grossiére, est devenue par son Commerce assez puissante pour envoyer en 1723. trois Flotes à la fois en trois extrémités du Monde : l'une devant Gibraltar, conquise & conservée par ses armes : l'autre à Portobello, pour ôter au Roi d'Espagne la jouissance des tresors des Indes; & la troisième dans la Mer baltique, pour empêcher les Puissances du Nord de se battre.

Quand

Quand Louis XIV. faisoit trembler l'Italie, & que ses Armées, déja maîtresses de la Savoye & du Piémont, étoient prêtes de prendre Turin, il fallut que le Prince Eugène marchât du fond de l'Allemagne au secours du Duc de Savoye. Il n'avoit point d'argent, sans quoi on ne prend ni ne défend les Villes; il eut recours à des Marchands Anglais. En une demie-heure de tems on lui prêta cinq millions, avec cela il délivra Turin, battit les Français, & écrivit à ceux qui avoient prêté cette somme ce petit billet; » Messieurs, j'ai reçu vo- » tre argent, & je me flatte de l'avoir em- » ployé à votre satisfaction. « Tout cela donne un juste orgueil à un Marchand Anglais, & fait qu'il ose se comparer, non sans quelque raison, à un Citoyen Romain; aussi le cadet d'un Pair du Royaume ne dédaigne point le négoce. Mylord Townshend Ministre d'Etat, a un frère qui se contente d'être Marchand dans la Cité: dans le tems que Mylord Oxford gouvernoit l'Angleterre, son cadet étoit Facteur à Alep; d'où il ne voulut pas revenir & où il est mort. Cette coutume, qui pourtant commence trop à se passer, paroît monstrueuse à des Allemands entêtés de leurs quartiers: ils ne sauroient concevoir que le fils d'un Pair d'Angleterre ne soit qu'un riche & puissant Bourgeois, au lieu qu'en Allemagne tout est Prince. On a vu jusqu'à trente

Alteſſes du même nom, n'ayant pour tout bien que des Armoiries & de l'orgueil.

En France, eſt Marquis qui veut; & quiconque arrive à Paris du fond d'une Province avec de l'argent à dépenſer, & un nom en *ac* ou en *ille*, peut dire, *un homme comme moi! un homme de ma qualité!* & mépriſer ſouverainement un Négociant; le Négociant entend lui-même parler ſi ſouvent avec dédain de ſa profeſſion, qu'il eſt aſſez ſot pour en rougir. Je ne ſai pourtant lequel eſt le plus utile à un Etat, ou un Seigneur bien poudré, qui ſait préciſément à quelle heure le Roi ſe leve, à quelle heure il ſe couche, & qui ſe donne des airs de grandeur en jouant le rôle d'eſclave dans l'Antichambre d'un Miniſtre; ou un Négociant qui enrichit ſon Pays, donne de ſon cabinet des ordres à Suratte & au Caire, & contribue au bonheur du monde.

SUR L'INSERTION DE LA PETITE-VÉROLE

CHAPITRE XIII.

ON dit doucement dans l'Europe Chrétienne, que les Anglais sont des fous, & des enragés : des fous, parce qu'ils donnent la Petite-Vérole à leurs enfans pour les empêcher de l'avoir ; des enragés, parce qu'ils communiquent de gayeté de cœur à ces enfans une maladie certaine & affreuse, dans la vûe de prévenir un mal incertain. Les Anglais de leur côté disent, les autres Européans sont des lâches & des dénaturés ; ils sont lâches, en ce qu'ils craignent de faire un peu de mal à leurs enfans ; dénaturés, en ce qu'ils les exposent à mourir un jour de la Petite-Vérole. Pour juger laquelle des deux Nations a raison, voici l'Histoire de cette fameuse Insertion dont on parle en France avec tant d'effroi.

Les femmes de Circaſſie ſont, de tems immémorial, dans l'uſage de donner la Petite-Vérole à leurs enfans, même à l'âge de ſix mois, en leur faiſant une inciſion au bras, & en inſérant dans cette inciſion une puſtule qu'elles ont ſoigneuſement enlevée du corps d'un autre enfant. Cette puſtule fait dans le bras où elle eſt inſinuée, l'effet du levain dans un morceau de pâte; elle y fermente & répand dans la maſſe du ſang les qualités dont elle eſt empreinte. Les boutons de l'enfant, à qui l'on a donné cette Petite-Vérole artificielle, ſervent à porter la même maladie à d'autres. C'eſt une circulation preſque continuelle en Circaſſie; & quand malheureuſement il n'y a point de Petite-Vérole dans le pays, on eſt auſſi embarraſſé, qu'on l'eſt ailleurs dans une mauvaiſe année.

Ce qui a introduit en Circaſſie cette coutume, qui paroît ſi étrange à d'autres Peuples, eſt pourtant une cauſe commune à tous les Peuples de la Terre; c'eſt la tendreſſe maternelle & l'intérêt.

Les Circaſſiens ſont pauvres, & leurs filles ſont belles; auſſi ce ſont elles dont ils font le plus de trafic. Ils fourniſſent de Beautés les Harems du Grand-Seigneur, du Sophi de Perſe, & de ceux qui ſont aſſez riches pour acheter & pour entretenir cette marchandiſe précieuſe.

cieuſe. Ils élevent ces filles en tout bien & en tout honneur à careſſer les hommes, à former des danſes pleines de laſciveté & de moleſſe, à rallumer par tous les artifices les plus voluptueux, le goût des Maîtres dédaigneux à qui elles ſont deſtinées. Ces pauvres créatures répétent tous les jours leur leçon avec leur mere, comme nos petites filles répétent leur Catéchiſme, ſans y rien comprendre.

Or il arrivoit ſouvent qu'un pere & une mere, après avoir pris bien des peines pour donner une bonne éducation à leurs enfans, ſe voyoient tout-d'un-coup fruſtrés de leur eſpérance. La Petite-Vérole ſe mettoit dans la famille, une fille en mouroit, une autre perdoit un œil, une troiſième relevoit avec un gros nez, & les pauvres gens étoient ruïnés ſans reſſource. Souvent même quand la Petite-Vérole devenoit épidémique, le Commerce étoit interrompu pour pluſieurs années; ce qui cauſoit une notable diminution dans les Sérails de Perſe & de Turquie.

Une Nation commerçante eſt toujours fort allerte ſur ſes intérêts, & ne néglige rien des connoiſſances qui peuvent être utiles à ſon Négoce; les Circaſſiens s'aperçurent que ſur mille perſonnes, il s'en trouvoit à peine une ſeule qui fût attaquée deux fois d'une Petite-Vérole bien complette; qu'à la vérité on eſſuie quelquefois trois ou quatre Petites-Véroles legéres,

géres, mais jamais deux qui soient décidées & dangereuses; qu'en un mot, jamais on n'a véritablement cette maladie deux fois en sa vie. Ils remarquérent encore, que quand les Petites-Véroles sont très-bénignes, & que leur éruption ne trouve à percer qu'une peau délicate & fine, elles ne laissent aucune impression sur le visage; de ces observations naturelles, ils conclurent que si un enfant de six mois, ou d'un an, avoit une Petite-Vérole bénigne, il n'en mourroit pas, il n'en seroit pas marqué, & seroit quitte de cette maladie pour le reste de ses jours.

Il restoit donc pour conserver la vie & la beauté de leurs enfans, de leur donner la Petite-Vérole de bonne heure; c'est ce que l'on fit, en insérant dans le corps d'un enfant un bouton que l'on prit de la Petite-Vérole la plus complette, & en même-tems la plus favorable qu'on pût trouver.

L'expérience ne pouvoit pas manquer de réussir. Les Turcs, qui sont gens sensés, adoptérent bien-tôt après cette coutume, & aujourd'hui il n'y a point de Bacha dans Constantinople qui ne donne la Petite-Vérole à son fils & à sa fille en les faisant sévrer.

Il y a quelques gens qui prétendent que les Circassiens prirent autrefois cette coutume des Arabes; mais nous laissons ce point d'histoire à éclaircir par quelque savant Bénédictin, qui ne manquera pas de composer là-dessus plusieurs fieurs Volumes *in-folio*, avec les preuves. Tout ce que j'ai à dire sur cette matière, c'est que dans le commencement du Régne de George I. Madame de Wortley Montaigu, une des femmes d'Angleterre qui a le plus d'esprit, & le plus de force dans l'esprit, étant avec son mari en Ambassade à Constantinople, s'avisa de donner sans scrupule la Petite-Vérole à un enfant dont elle étoit acouchée en ce Pays. Son Chapelain eut beau lui dire que cette expérience n'étoit pas Chrétienne, & ne pouvoit réussir que chez des Infidèles. Le fils de Madame de Wortley s'en trouva à merveille. Cette Dame de retour à Londres fit part de son expérience à la Princesse de Galles, qui est aujourd'hui Reine. Il faut avouer que, Titres & Couronnes à part, cette Princesse est née pour encourager tous les Arts, & pour faire du bien aux hommes; c'est un Philosophe aimable sur le Trône; elle n'a jamais perdu ni une occasion de s'instruire, ni une occasion d'exercer sa générosité. C'est elle qui ayant entendu dire qu'une fille de Milton vivoit encore, & vivoit dans la misère, lui envoya sur le champ un présent considérable; c'est elle qui protége le savant Pere le Courayer; c'est elle qui daigna être la Médiatrice entre le Docteur Clarck & Mr. Leibnitz. Dès qu'elle eut entendu parler de l'Inoculation ou Insertion de la Petite-Vérole, elle en fit faire l'épreuve

preuve sur quatre Criminels condamnés à mort à qui elle sauva doublement la vie; car non-seulement elle les tira de la potence, mais à la faveur de cette Petite-Vérole artificielle, elle prévint la naturelle qu'ils auroient probablement eue, & dont ils seroient morts dans un âge plus avancé.

La Princesse, assurée de l'utilité de cette épreuve, fit inoculer ses enfans. L'Angleterre suivit son exemple, & depuis ce tems dix mille enfans de famille, au moins, doivent ainsi la vie à la Reine & à Madame Wortley Montaigu; & autant de filles leur doivent leur beauté.

Sur cent personnes dans le monde, soixante au moins ont la Petite-Vérole; de ces soixante, vingt en meurent dans les années les plus favorables, & vingt en conservent pour toujours de facheux restes. Voilà donc la cinquième partie des hommes que cette maladie tue ou enlaidit sûrement. De tous ceux qui sont inoculés en Turquie ou en Angleterre, aucun ne meurt, s'il n'est infirme & condamné à mort d'ailleurs. Personne n'est marqué; aucun n'a la Petite-Vérole une seconde fois, supposé que l'inoculation ait été parfaite. Il est donc certain que si quelque Ambassadrice Française avoit rapporté ce secret de Constantinople à Paris, elle auroit rendu un service éternel à la Nation. Le Duc de Villequier, Pere du Duc d'Aumont d'aujourd'hui, l'homme de France

le

le mieux conftitué & le plus fain, ne feroit pas mort à la fleur de fon âge: le Prince de Soubife, qui avoit la fanté la plus brillante, n'auroit pas été emporté à l'âge de vingt-cinq ans : Monfeigneur, Grand-Pere de Louïs XV. n'auroit pas été enterré dans fa cinquantième année. Vingt mille hommes morts à Paris de la Petite-Vérole en 1723. vivroient encore. Quoi donc ! Eft-ce que les Français n'aiment point la vie ? Eft-ce que leurs femmes ne fe foucient point de leur beauté ? En vérité nous fommes d'étranges gens ! Peut-être dans dix ans prendra-t-on cette méthode Anglaife, fi les Curés & les Médecins le permettent ; ou bien les Français dans trois mois fe ferviront de l'inoculation par fantaifie, fi les Anglais s'en dégoûtent par inconftance.

J'apprends que depuis cent ans les Chinois font dans cet ufage ; c'eft un grand préjugé que l'exemple d'une nation, qui paffe pour être la plus fage & la mieux policée de l'Univers. Il eft vrai que les Chinois s'y prennent d'une façon différente : ils ne font point d'incifion, ils font prendre la Petite-Vérole par le nez, comme du tabac en poudre : cette façon eft plus agréable ; mais elle revient au même, & fert également à confirmer que fi on avoit pratiqué l'inoculation en France, on auroit fauvé la vie à des milliers d'hommes.

SUR LE CHANCELIER BACON

CHAPITRE XIV.

Il n'y a pas long-tems que l'on agitoit dans une compagnie célèbre, cette question usée & frivole. Quel étoit le plus grand homme qu'il y ait eu sur la Terre; si c'étoit César, Aléxandre, Tamerlan, Cromwel, &c.

Quelqu'un répondit que c'étoit sans contredit Isaac Newton. Cet homme avoit raison; car si la vraye Grandeur consiste à avoir reçu du Ciel un puissant génie, & à s'en être servi pour s'éclairer soi-même & les autres, un homme comme Mr. Newton, tel qu'il s'en trouve à peine en dix Siècles, est véritablement le grand homme; & ces Politiques & ces Conquérans, dont aucun Siècle n'a manqué, ne sont d'ordinaire que d'illustres méchans. C'est à celui qui domine sur les esprits par la force de la Vérité, non à ceux qui sont des esclaves par violence; c'est à celui qui connoît l'Univers, non à ceux qui le défigurent, que nous devons nos respects.

Puis donc que vous exigez que je vous parle

le des hommes célèbres qu'a porté l'Angleterre, je commencerai par les Bacons, les Lockes & les Newtons, &c. Les Généraux & les Ministres viendront à leur tour.

Il faut commencer par le fameux Baron de Vérulam, connu en Europe sous le nom de Bacon, qui étoit fils d'un Garde-des-Sceaux, & fut long-tems Chancelier sous le Roi Jâques I. Cependant au milieu des intrigues de la Cour, & des occupations de sa Charge, qui demandoient un homme tout entier, il trouva le tems d'être grand Philosophe, bon Historien, & Ecrivain élégant ; & ce qui est encore plus étonnant, c'est qu'il vivoit dans un Siècle où l'on ne connoissoit guère l'Art de bien écrire, encore moins la bonne Philosophie. Il a été, comme c'est l'usage parmi les hommes, plus estimé après sa mort que de son vivant. Ses ennemis étoient à la Cour de Londres ; ses admirateurs étoient les Etrangers.

Lorsque le Marquis d'Effiat amena en Angleterre la Princesse Marie, fille de Henri le Grand, qui devoit épouser le Roi Charles, ce Ministre alla visiter Bacon, qui alors étant malade au lit, le reçut les rideaux fermés. Vous ressemblez aux Anges, lui dit d'Effiat, on entend toujours parler d'eux, on les croit bien supérieurs aux hommes, & on n'a jamais la consolation de les voir.

Vous savez comment Bacon fut accusé d'un crime qui n'est guère d'un Philosophe, de s'être

tre laissé corrompre par argent. Vous savez comment il fut condamné par la Chambre des Pairs à une amende d'environ quatre cens mille Livres de notre monnoye, à perdre sa dignité de Chancelier & de Pair. Aujourd'hui les Anglais révérerent sa mémoire, au point qu'à peine avouent-ils qu'il ait été coupable. Si vous me demandez ce que j'en pense, je me servirai pour vous répondre, d'un mot que j'ai ouï dire à Mylord Bolingbroke. On parloit en sa présence de l'avarice, dont le Duc de Marlborough avoit été accusé, & on en citoit des traits, sur lesquels on appelloit au témoignage de Mylord Bolingbroke, qui aïant été d'un parti contraire, pouvoit peut-être avec bienséance dire ce qui en étoit. C'étoit un si grand homme, répondit-il, que j'ai oublié ses vices.

Je me bornerai donc à vous parler de ce qui a mérité au Chancelier Bacon l'estime de l'Europe.

Le plus singulier, & le meilleur de ses Ouvrages, est celui qui est aujourd'hui le moins lu & le plus inutile ; je veux parler de son *Novum Scientiarum Organum.* C'est l'échaffaut avec lequel on a bâti la nouvelle Philosophie ; & quand cet Edifice a été élevé, au moins en partie, l'échaffaut n'a plus été d'aucun usage.

Le Chancelier Bacon ne connoissoit pas encore la Nature, mais il savoit & indiquoit tous les chemins qui menent à elle. Il avoit méprisé sé de bonne heure ce que les Universités appelloient la Philosophie, & il faisoit tout ce qui dépendoit de lui, afin que ces Compagnies, instituées pour la perfection de la Raison humaine, ne continuassent pas de la gâter par leurs *quiddités*, leurs horreurs du vuide, leurs formes substantielles, & tous ces mots impertinens, que non-seulement l'ignorance rendoit respectables ; mais qu'un mélange ridicule avec la Religion avoit rendu sacrés.

Il est le Pere de la Philosophie expérimentale. Il est bien vrai qu'avant lui on avoit découvert des secrets étonnans : on avoit inventé la Boussole, l'Imprimerie, la gravure des Estampes, la Peinture à l'huile, les Glaces, l'Art de rendre en quelque façon la vûe aux Vieillards par les Lunettes, qu'on appelle Besicles, la poudre à Canon, &c. On avoit cherché, trouvé, & conquis un Nouveau Monde. Qui ne croiroit que ces sublimes découvertes eussent été faites par les plus grands Philosophes, & dans des tems bien plus éclairés que le nôtre ? Point du tout, c'est dans le tems de la plus stupide barbarie que ces grands changemens ont été faits sur la Terre. Le hazard seul a produit presque toutes ces inventions ; & il y a même bien de l'apparence que ce qu'on appelle Hazard a eu grande part dans la découverte de l'Amérique ; du moins a-t-on toujours cru que Christophe Colomb n'entreprit

prit son voyage que sûr la foi d'un Capitaine de Vaisseau, qu'une tempête avoit jetté jusqu'à la hauteur des Isles Caraïbes. Quoiqu'il en soit, les hommes savoient aller au bout du Monde ; ils savoient détruire des Villes avec un tonnerre artificiel, plus terrible que le tonnerre véritable ; mais ils ne connoissoient pas la circulation du Sang, la pesanteur de l'Air, les loix du Mouvement, la Lumiére, le nombre de nos Planettes, &c. Et un homme qui soutenoit une Thèse sur les Catégories d'Aristote, sur l'Universel *a parte rei*, ou telle autre sottise, étoit regardé comme un prodige.

Les inventions les plus étonnantes & les plus utiles, ne sont pas celles qui font le plus d'honneur à l'Esprit humain. C'est à un instinct méchanique, qui est chez la plûpart des hommes, que nous devons la plûpart des Arts, & nullement à la saine Philosophie.

La découverte du Feu, l'Art de faire du Pain, de fondre & de préparer les Métaux, de bâtir des Maisons, l'invention de la Navette, sont d'une toute autre nécessité, que l'Imprimerie & la Boussole ; cependant ces Arts furent inventés par des hommes encore sauvages.

Quel prodigieux usage les Grecs & les Romains ne firent-ils pas depuis des Méchaniques ! Cependant on croyoit de leur tems qu'il y avoit des Cieux de Crystal, & que les Etoiles étoient de petites Lampes qui tomboient quelquefois dans la Mer ; & un de leurs plus grands Philosophes, après bien des recherches, avoit trouvé que les Astres étoient des cailloux qui s'étoient détachez de la Terre.

En un mot, personne avant le Chancelier Bacon n'avoit connu la Philosophie expérimentale ; & de toutes les épreuves Physiques qu'on a faites depuis lui, il n'y en a presque pas une qui ne soit indiquée dans son Livre. Il en avoit fait lui-même plusieurs. Il fit des espèces de Machines Pneumatiques, par lesquelles il devina l'élasticité de l'Air. Il a tourné tout autour de la découverte de sa pesanteur. Il y touchoit ; cette vérité fut saisie par Torricelli. Peu de tems après, la Physique expérimentale commença tout-d'un-coup à être cultivée à la fois dans presque toutes les parties de l'Europe. C'étoit un tresor caché dont Bacon s'étoit douté, & que tous les Philosophes encouragés par sa promesse s'éforcérent de déterrer.

On voit dans son Livre en termes exprès, cette Attraction nouvelle, dont Mr. Newton passe pour l'inventeur.

Il faut chercher, dit Bacon, s'il n'y auroit point une espéce de force Magnétique, qui opere entre la Terre & les choses pesantes, entre la Lune & l'Océan, entre les Planettes, &c. En un autre endroit il dit : Il faut, ou que les corps graves soient poussés vers le centre de la Terre, ou qu'ils en soient mutuellement attirez ; & en ce dernier

dernier cas, il est évident que plus les corps en tombant s'approcheront de la Terre, plus fortement ils s'attireront. Il faut poursuit-il, expérimenter si la même Horloge à poids ira plus vîte sur le haut d'une Montagne, ou au fond d'une Mine. Si la force des poids diminue sur la Montagne & augmente dans la Mine, il y a apparence que la Terre a une vraie attraction.

Ce Précurseur de la Philosophie a été aussi un Ecrivain élégant, un Historien, un bel Esprit.

Ses Essais de Morale sont très-estimés; mais ils sont faits pour instruire, plutôt que pour plaire : & n'étant ni la Satire de la Nature-humaine, comme les Maximes de la Rochefoucault, ni l'Ecole du Scepticisme, comme Montagne, ils sont moins lus que ces deux Livres ingénieux.

Sa Vie de Henri VII. a passé pour un Chef-d'Œuvre; mais comment se peut-il faire que quelques personnes osent comparer un si petit Ouvrage avec l'Histoire de notre illustre Mr. de Thou?

En parlant de ce fameux Imposteur Perkin, fils d'un Juif converti, qui prit si hardiment le nom de Richard IV. Roi d'Angleterre, encouragé par la Duchesse de Bourgogne, & qui disputa la Couronne à Henri VII. Voici comme le Chancelier Bacon s'exprime : » Envi-
» ron ce tems, le Roi Henri fut obsédé d'es-
» prits malins par la magie de la Duchesse de
» Bour-

» Bourgogne, qui évoqua des Enfers l'ombre
» d'Edouard IV. pour venir tourmenter le
» Roi Henri. Quand la Duchesse de Bourgo-
» gne eut instruit Perkin, elle commença à dé-
» libérer par quelle région du Ciel elle seroit
» paroître cette Comete, & elle résolut qu'elle
» éclateroit d'abord sur l'horison de l'Irlande.
Il me semble que notre sage de Thou ne donne guère dans ce Phœbus, qu'on prenoit autrefois pour du Sublime, mais qu'à present on
nomme avec raison galimatias.

SUR
MR. LOCKE.

CHAPITRE XV.

Jamais il ne fut peut-être un esprit plus sage, plus méthodique, un Logicien plus exact que Mr. Locke; cependant il n'étoit pas grand Mathématicien. Il n'avoit jamais pu se mettre à la fatigue des calculs, ni à la sécheresse des vérités Mathématiques, qui ne présentent d'abord rien de sensible à l'esprit; & personne n'a mieux prouvé que lui, qu'on pouvoit avoir l'esprit Géomètre, sans le secours de la Géométrie. Avant lui de grands Philosophes avoient décidé positivement ce que c'est que l'Ame de l'homme; mais puisqu'ils n'en savoient rien du tout, il est bien juste qu'ils ayent tous été d'avis différens.

Dans la Grece, berceau des Arts & des Erreurs, & où l'on poussa si loin la grandeur & la sotise de l'Esprit-humain, on raisonnoit comme chez nous sur l'Ame.

Le divin Anaxagoras, à qui on dressa un Autel

tel pour avoir appris aux hommes que le Soleil étoit plus grand que le Péloponnèse, que la neige étoit noire, & que les Cieux étoient de pierre, affirma que l'Ame étoit un Esprit aërien, mais cependant immortel. Diogène, un autre que celui qui devint Cynique après avoir été faux-monnoyeur, assuroit que l'Ame étoit une portion de la substance même de Dieu; & cette idée au moins étoit brillante. Epicure la composoit de parties comme le corps.

Aristote, qu'on a expliqué de mille façons, parce qu'il étoit inintelligible, croyoit, si l'on s'en rapporte à quelques-uns de ses Disciples, que l'Entendement de tous les hommes étoit une seule & même substance.

Le divin Platon, Maître du divin Aristote, & le divin Socrate, Maître du divin Platon, disoient l'Ame corporelle & éternelle. Le Démon de Socrate lui avoit appris sans doute ce qui en étoit. Il y a des gens à la vérité qui prétendent qu'un homme, qui se vantoit d'avoir un Génie familier, étoit indubitablement un fou, ou un fripon; mais ces gens-là sont trop difficiles.

Quant à nos Peres de l'Eglise, plusieurs dans les premiers Siècles ont cru l'Ame humaine, les Anges & Dieu corporels. Le monde se rafine toujours. St. Bernard, selon l'aveu du Pere Mabillon, enseigna à propos de l'Ame, qu'après la mort elle ne voyoit pas
Dieu

Dieu dans le Ciel, mais qu'elle converſoit ſeulement avec l'Humanité de Jeſus-Chriſt. On ne le crut pas cette fois ſur ſa parole, l'avanture de la Croiſade avoit un peu décrédité ſes oracles. Mille Scholaſtiques ſont venus enſuite, comme le Docteur irréfragable (*), le Docteur ſubtil (†), le Docteur Angélique (¶), le Docteur Séraphique (§), le Docteur Chérubique, qui tous ont été bien ſûrs de connoître l'Ame très-clairement; mais qui n'ont pas laiſſé d'en parler, comme s'ils avoient voulu que perſonne n'y entendît rien. Notre Deſcartes, né non pour découvrir les erreurs de l'Antiquité, mais pour y ſubſtituer les ſiennes, & entraîné par cet Eſprit ſyſtématique qui aveugle les plus grands hommes, s'imagina avoir démontré que l'Ame étoit la même choſe que la Penſée; comme la Matiére, ſelon lui, eſt la même choſe que l'Etendue. Il aſſura bien que l'on penſe toujours, & que l'Ame arrive dans le corps pourvue de toutes les notions métaphyſiques, connoiſſant Dieu, l'eſpace infini, ayant toutes les idées abſtraites, remplie enfin de belles connoiſſances, qu'elle oublie malheureuſement en ſortant du ventre de la mere.

Le

(*) Hales.
(†) Scot.
(¶) S. Thomas.
(§) S. Bonaventure.

Le P. Mallebranche de l'Oratoire, dans ses Illusions Sublimes, n'admet point les idées innées, mais il ne doutoit pas que nous ne vissions tout en Dieu, & que Dieu, pour ainsi dire, ne fût notre Ame.

Tant de Raisonneurs ayant fait le Roman de l'Ame, un Sage est venu qui en a fait modestement l'Histoire. Mr. Locke a développé à l'Homme la Raison humaine, comme un excellent Anatomiste explique les ressorts du Corps humain; il s'aide par-tout du flambeau de la Physique; il ose quelquefois parler affirmativement, mais il ose aussi douter. Au lieu de définir tout-d'un-coup ce que nous ne connoissons pas, il examine par degrez ce que nous voulons connoître; il prend un enfant au moment de sa naissance, il suit pas à pas les progrès de son Entendement; il voit ce qu'il a de commun avec les Bêtes, & ce qu'il a au-dessus d'elles. Il consulte sur-tout son propre témoignage, la conscience de sa pensée.

Je laisse, dit-il, à discuter à ceux qui en savent plus que moi, si notre Ame existe avant ou après l'organization de notre corps; mais j'avoue qu'il m'est tombé en partage une de ces Ames grossières qui ne pensent pas toujours; & j'ai même le malheur de ne pas concevoir qu'il soit plus nécessaire à l'Ame de penser toujours, qu'au corps d'être toujours en mouvement.

Pour moi je me vante de l'honneur d'être en ce point aussi stupide que Mr. Locke. Personne ne me fera jamais croire que je pense toujours, & je ne me sens pas plus disposé que lui à imaginer que quelques semaines après ma conception, j'étois une fort savante Ame, sachant alors mille choses que j'ai oubliées en naissant, & ayant fort inutilement possédé dans l'*uterus* des connoissances qui m'ont échappé dès que j'ai pu en avoir besoin, & que je n'ai jamais bien pu rapprendre depuis.

Mr. Locke, après avoir ruïné les idées innées, après avoir bien renoncé à la vanité de croire qu'on pense toujours, ayant bien établi que toutes nos idées nous viennent par les Sens, ayant examiné nos idées simples, celles qui sont composées, ayant suivi l'Esprit de l'homme dans toutes ses opérations, ayant fait voir combien les Langues que les hommes parlent sont imparfaites, & quel abus nous faisons des termes à tous momens ; il vient enfin à considérer l'étendue ou plutôt le néant des connoissances humaines. Ce fut dans ce Chapitre qu'il osa avancer modestement ces paroles : » Nous ne serons peut-être jamais » capables de connoître si un Etre purement » matériel pense ou non. « Ce discours sage parut à plus d'un Théologien une déclaration scandaleuse, que l'Ame est matérielle & mortelle.

telle. Quelques Anglais, dévots à leur manière, sonnérent l'allarme. Les superstitieux sont dans la Société, ce que les poltrons sont dans une Armée ; ils ont & donnent des terreurs paniques. On cria que Mr. Locke vouloit renverser la Religion ; il ne s'agissoit pourtant pas de Religion dans cette affaire : c'étoit une question purement philosophique, très-indépendante de la Foi & de la Révélation. Il ne falloit qu'examiner sans aigreur s'il y a de la contradiction à dire, la Matiére peut penser, & si Dieu peut communiquer la Pensée à la Matiére. Mais les Théologiens commencent trop souvent par dire que Dieu est outragé, quand on n'est pas de leur avis ; c'est trop ressembler aux mauvais Poëtes, qui crioient que Despréaux parloit mal du Roi, parce qu'il se moquoit d'eux. Le Docteur Stillingfleet s'est fait une réputation de Théologien modéré, pour n'avoir pas dit positivement des injures à Mr. Locke. Il entra en lice contre lui, mais il fut battu ; car il raisonnoit en Docteur, & Locke en Philosophe instruit de la force & de la foiblesse de l'Esprit humain, & qui se battoit avec des armes dont il connoissoit la trempe.

Si j'osois parler après Mr. Locke, sur un sujet si délicat, je dirois : Les hommes disputent depuis long-tems sur la nature & sur l'immortalité de l'Ame ; à l'égard de son immortalité, il est impossible de la démontrer, puisqu'on dispute encore sur sa nature, & qu'assurément il faut connoître à fond un Etre créé, pour décider s'il est immortel ou non. La Raison humaine est si peu capable de démontrer par elle-même l'immortalité de l'Ame, que la Religion a été obligée de nous la révéler. Le bien commun de tous les hommes demande qu'on croye l'Ame immortelle : la Foi nous l'ordonne ; il n'en faut pas davantage, & la chose est presque décidée. Il n'en n'est pas de même de sa nature ; il importe peu à la Religion de quelle Substance soit l'Ame, pourvû qu'elle soit vertueuse. C'est une Horloge qu'on nous a donnée à gouverner ; mais l'Ouvrier ne nous a pas dit de quoi le ressort de cette Horloge est composé.

Je suis Corps & je pense, je n'en sai pas davantage. Si je ne consulte que mes foibles lumiéres, irai-je attribuer à une cause inconnue ce que je puis aisément attribuer à la seule cause seconde que je connois un peu ? Ici tous les Philosophes de l'Ecole m'arrêtent en argumentant, & disent : Il n'y a dans le Corps que de l'étendue & de la solidité, & il ne peut avoir que du mouvement & de la figure. Or du mouvement, de la figure, de l'étendue & de la solidité, ne peuvent faire une pensée; donc l'Ame ne peut pas être matiére. Tout ce grand raisonnement, répété tant de fois, se

réduit

réduit uniquement à ceci : Je ne connois que très-peu de chose de la Matiére, j'en devine imparfaitement quelques propriétés : Or je ne sai point du tout si ces propriétés peuvent être jointes à la pensée : Donc, parce que je ne sai rien du tout, j'assûre positivement que la Matiére ne sauroit penser. Voilà nettement la maniére de raisonner de l'Ecole.

Mr. Locke diroit avec simplicité à ces Messieurs : Confessez du moins que vous êtes aussi ignorans que moi : votre imagination ni la mienne ne peuvent concevoir comment un corps a des idées ; & comprenez-vous mieux comment une Substance, telle qu'elle soit, a des idées ? Vous ne concevez ni la Matiére ni l'Esprit, comment osez-vous assûrer quelque chose ? Que vous importe que l'Ame soit un de ces Etres incompréhensibles, qu'on appelle Matiére, ou un de ces Etres incompréhensibles qu'on appelle Esprit ? Quoi ! Dieu, le Créateur de tout, ne peut-il pas éterniser ou anéantir votre Ame à son gré, quelle que soit sa substance ?

Le Superstitieux vient à son tour, & dit qu'il faut brûler pour le bien de leurs Ames, ceux qui soupçonnent qu'on peut penser avec la seule aide du Corps ; mais que diroit-il, si c'étoit lui-même qui fût coupable d'irreligion ? En effet, quel est l'homme qui osera assûrer, sans une impiété absurde, qu'il est impossible au Créateur de donner à la Matiére la pensée & le sentiment ? Voyez, je vous prie, à quel embarras vous êtes réduits, vous qui bornez ainsi la puissance du Créateur. Les Bêtes ont les mêmes organes que nous, les mêmes perceptions ; elles ont de la mémoire, elles combinent quelques idées. Si Dieu n'a pas pu animer la Matiére, & lui donner le sentiment, il faut de deux choses l'une, ou que les Bêtes soient de pures Machines, ou qu'elles ayent une Ame spirituelle.

Il me paroît démontré que les Bêtes ne peuvent être de simples Machines, voici ma preuve : Dieu leur a fait précisément les mêmes organes de sentiment que les nôtres ; donc, si elles ne sentent point, Dieu a fait un ouvrage inutile : or Dieu, de votre aveu même, ne fait rien en vain ; donc il n'a point fabriqué tant d'organes de sentiment, pour qu'il n'y eût point de sentiment ; donc les Bêtes ne sont point de pures Machines. Les Bêtes, selon vous, ne peuvent pas avoir un Ame spirituelle ; donc, malgré vous, il ne reste autre chose à dire, sinon que Dieu a donné aux organes des Bêtes, qui sont matiéres, la faculté de sentir & d'appercevoir, que vous appellez Instinct dans elles ? Eh ! qui peut empêcher Dieu de communiquer à nos organes plus déliées cette faculté de sentir, d'appercevoir, & de penser, que nous appellons Raison humaine ? De
quel-

quelque côté que vous vous tourniez, vous êtes obligés d'avouer votre ignorance, & la puissance immense du Créateur. Ne vous révoltez donc plus contre la sage & modeste Philosophie de Locke : loin d'être contraire à la Religion, elle lui serviroit de preuve, si la Religion en avoit besoin ; car quelle Philosophie plus religieuse, que celle qui n'affirmant que ce qu'elle conçoit clairement, & sachant avouer sa foiblesse, vous dit qu'il faut recourir à Dieu, dès qu'on examine les premiers principes ?

D'ailleurs il ne faut jamais craindre qu'aucun sentiment Philosophique puisse nuire à la Religion d'un Pays. Nos Mystères ont beau être contraires à nos démonstrations, ils n'en sont pas moins révérés par nos Philosophes Chrétiens, qui savent que les objets de la Raison & de la Foi sont de différente nature. Jamais les Philosophes ne feront une Secte de Religion ; pourquoi ? C'est qu'ils n'écrivent point pour le Peuple, & qu'ils sont sans enthousiasme. Divisez le Genre-Humain en vingt parts, il y en a dix-neuf composées de ceux qui travaillent de leurs mains, & qui ne sauront jamais s'il y a eu un Mr. Locke au monde, dans la vingtième partie qui reste, combien trouve-t-on peu d'hommes qui lisent ? & parmi ceux qui lisent, il y en a vingt qui lisent des Romans, contre un qui étudie en Philosolosophie. Le nombre de ceux qui pensent est excessivement petit, & ceux-là ne s'avisent pas de troubler le monde.

Ce n'est ni Montagne, ni Locke, ni Bayle, ni Spinosa, ni Hobbes, ni Mylord Shaftsbury, ni Mr. Collins, ni Mr. Toland, ni Flud, ni Beker, ni M. le Comte de Boulainvilliers, &c. qui ont porté le flambeau de la Discorde dans leur Patrie; ce sont, pour la plûpart, des Théologiens, qui ayant eu d'abord l'ambition d'être Chefs de Sectes, ont eu bien-tôt celle d'être Chefs de Partis. Que dis-je ? tous ces Livres des Philosophes modernes, mis ensemble, ne feront jamais dans le monde autant de bruit seulement, qu'en a fait autrefois la dispute des Cordeliers sur la forme de leurs Manches & de leurs Capuchons.

SUR DESCARTES ET NEWTON.

CHAPITRE XVI.

UN Français qui arrive à Londres, trouve les choses bien changées en Philosophie, comme dans tout le reste. Il a laissé le Monde plein, il le trouve vuide. A Paris on voit l'Univers composé de Tourbillons, de Matiére subtile; à Londres on ne voit rien de cela. Chez vous c'est la pression de la Lune qui cause le flux de la Mer : chez les Anglais c'est la Mer qui gravite vers la Lune ; de façon que quand vous croyez que la Lune devroit nous donner Marée haute, ces Messieurs croyent qu'on doit avoir Marée basse, ce qui malheureusement ne peut se vérifier. Car il auroit fallu pour s'en éclaircir, examiner la Lune & les Marées au premier instant de la Création.

Vous remarquerez encore que le Soleil, qui en France n'entre pour rien dans cette affaire, y contribue ici environ pour son quart. Chez vos Cartésiens tout se fait par une impulsion, qu'on ne comprend guère; chez Mr. Newton, c'est par une attraction dont on ne connoît pas mieux la cause. A Paris vous vous figurez la Terre faite comme un Melon; à Londres elle est applatie des deux côtés. La Lumiére pour un Cartésien existe dans l'air; pour un Newtonien elle vient du Soleil en six minutes & demie. Votre Chimie fait toutes ses opérations avec des Acides, des Alkalis, & de la Matiére subtile; l'Attraction domine jusques dans la Chimie Anglaise.

L'essence même des choses a totalement changé. Vous ne vous accordés ni sur la définition de l'Ame, ni sur celle de la matiére. Descartes assure que l'Ame est la même chose que la Pensée, & Mr. Locke lui prouve assez bien le contraire.

Descartes assure encore que l'étendue seule fait la Matiére; Newton y ajoute la solidité. Voilà de furieuses contrariétés!

Non nostrum inter vos tantas componere lites.

Ce fameux Newton, ce Destructeur du Systême Cartésien, mourut au mois de Mars de l'an passé 1727. Il a vécu honoré de ses Compatriotes, & a été enterré comme un Roi qui auroit fait du bien à ses Sujets.

On a lu ici avec avidité & l'on a traduit en Anglais l'Eloge de Mr. Newton, que Mr. de Fontenelle a prononcé dans l'Académie des Sciences. Mr. de Fontelle eſt le Juge des Philoſophes; on attendoit en Angleterre ſon jugement, comme une déclaration ſolemnelle de la ſupériorité de la Philoſophie Angloiſe. Mais quand on a vu qu'il cromparoit Deſcartes à Newton, toute la Société Royale de Londre s'eſt ſoulevée; loin d'aquieſcer au jugement, on a critiqué le Diſcours. Pluſieurs même (& ceux-là ne ſont pas les plus Philoſophes) ont été choquez de cette comparaiſon, ſeulement parce que Deſcartes étoit Français.

Il faut avouer que ces deux grands Hommes ont été bien différens l'un de l'autre dans leur conduite, dans leur fortune, & dans leur Philoſophie.

Deſcartes étoit né avec une imagination brillante & forte, qui en fit un homme ſingulier dans la vie privée, comme dans ſa maniére de raiſonner; cette imagination ne put ſe cacher même dans ſes Ouvrages Philoſophiques, où l'on voit à tous momens des comparaiſons ingénieuſes & brillantes. La Nature en avoit preſque fait un Poëte; & en effet il compoſa pour la Reine de Suéde un divertiſſement en vers, que pour l'honneur de ſa mémoire on a fait imprimer.

Il eſſeya quelque tems du métier de la guerre,

re, & depuis étant devenu tout-à-fait Philosophe, il ne crut pas indigne de lui de faire l'amour. Il eut de sa Maîtresse une fille nommée *Francine*, qui mourut jeune, & dont il regretta beaucoup la perte. Ainsi il éprouva tout ce qui appartient à l'humanité.

Il crut long-tems qu'il étoit nécessaire de fuir les hommes, & sur-tout sa Patrie, pour philosopher en liberté.

Il avoit raison; les hommes de son tems n'en savoient pas assez pour l'éclairer, & n'étoient guère capables de lui nuire.

Il quitta la France, parce qu'il cherchoit la Vérité, qui étoit persécutée alors par la misérable Philosophie de l'Ecole; mais il ne trouva pas plus de raison dans les Universités de la Hollande où il se retira. Car dans le tems qu'on condamnoit en France les seules propositions de sa Philosophie qui fussent vrayes; il fut aussi persécuté par les prétendus Philosophes de Hollande, qui ne l'entendoient pas mieux, & qui voyant de plus près sa gloire, haïssoient davantage sa personne. Il fut obligé de sortir d'Utrecht: il essuya l'accusation d'Athéïsme, derniére ressource des calomniateurs; & lui, qui avoit employé toute la sagacité de son esprit à rechercher de nouvelles preuves de l'existence d'un Dieu, fut soupçonné de n'en point reconnoître.

Tant de persécutions supposoient un très-grand

grand mérite & une réputation éclatante ; aussi avoit-il l'un & l'autre. La raison perça même un peu dans le monde à travers les ténèbres de l'Ecole & les préjugez de la superstition populaire. Son nom fit enfin tant de bruit, qu'on voulut l'attirer en France par des récompenses. On lui proposa une pension de mille écus. Il vint sur cette espérance, paya les frais de la Patente qui se vendoit alors, n'eut point la pension, & s'en retourna philosopher dans sa solitude de Nord-Hollande, dans le tems que le grand Galilée, à l'âge de 80. ans, gémissoit dans les prisons de l'Inquisition, pour avoir démontré le mouvement de la Terre.

Enfin il mourut à Stokolm d'une mort prématurée, & causée par un mauvais régime, au milieu de quelques Savans ses ennemis, & entre les mains d'un Médecin qui le haïssoit.

La carriére du Chevalier Newton a été toute différente. Il a vécu 85. ans, toûjours tranquile, heureux & honoré dans sa Patrie.

Son grand bonheur a été non-seulement d'être né dans un Pays libre ; mais dans un tems où les impertinences Scholastiques étant bannies, la Raison seule étoit cultivée, & le monde ne pouvoit être que son écolier & non son ennemi.

Une opposition singuliére dans laquelle il se trouve avec Descartes, c'est que dans le cours d'une si longue vie, il n'a eu ni passion ni
foiblesse.

foiblesse. Il n'a jamais approché d'aucune femme : c'est ce qui m'a été confirmé par le Médecin & le Chirurgien entre les bras de qui il est mort : on peut admirer en cela Newton, mais il ne faut pas blâmer Descartes.

L'opinion publique en Angleterre sur ces deux Philosophes, est que le premier étoit un Rêveur, & que l'autre étoit un Sage.

Très-peu de personnes à Londres lisent Descartes, dont effectivement les Ouvrages sont devenus inutiles ; très-peu aussi lisent Newton, parce qu'il faut être fort savant pour le comprendre. Cependant tout le monde parle d'eux ; on n'accorde rien aux Français, & on donne tout à l'Anglais. Quelques gens croyent que si l'on ne s'en tient plus à l'horreur du Vuide, si l'on sait que l'Air est pesant, si l'on se sert de Lunettes d'approche, on en a l'obligation à Newton ; il est ici l'Hercule de la Fable, à qui les ignorans attribuoient tous les faits des autres Héros.

Dans une Critique qu'on a faite à Londres du Discours de Mr. de Fontenelle, on a osé avancer que Descartes n'étoit pas un grand Géometre. Ceux qui parlent ainsi, peuvent se reprocher de battre leur nourrice. Descartes a fait un aussi grand chemin, du point où il a trouvé la Géometrie jusqu'au point où il l'a poussée, que Newton en a fait après lui. Il est le premier qui ait enseigné la maniére de
donner

donner les équations algébraïques des Courbes. Sa Géometrie, graces à lui, devenue commune, étoit de son tems si profonde, qu'aucun Professeur n'osa entreprendre de l'expliquer, & qu'il n'y avoit guère en Hollande que Schotten, & en France que Fermat, qui l'entendissent.

Il porta cet esprit de Géometrie & d'invention dans la Dioptrique, qui devint, entre ses mains, un Art tout nouveau; & s'il s'y trompa en quelque chose, c'est qu'un homme qui découvre de nouvelles Terres, ne peut tout-d'un-coup en connoître toutes les propriétés. Ceux qui viennent après lui, & qui rendent ces Terres fertiles, lui ont au moins l'obligation de la découverte. Je ne nierai pas que tous les autres Ouvrages de Mr. Descartes fourmillent d'erreurs.

La Géometrie étoit un Guide que lui-même avoit en quelque façon formé, & qui l'auroit conduit sûrement dans sa Physique; cependant il abandonna à la fin ce Guide, & se livra à l'Esprit de Système. Alors sa Philosophie ne fut plus qu'un Roman ingénieux, tout au plus, & vraisemblable pour les Philosophes du même-tems. Il se trompa sur la nature de l'Ame, sur les loix du mouvement, sur la nature de la lumière. Il admit des idées innées, il inventa de nouveaux Elémens, il créa un Monde, il fit l'Homme à sa mode; & on dit avec raison que l'Homme de Descartes n'est

en

en effet que celui de Descartes, fort éloigné de l'Homme véritable.

Il poussa ses erreurs métaphysiques, jusqu'à prétendre que deux & deux font quatre, parce que Dieu l'a voulu ainsi; mais ce n'est point trop dire qu'il étoit estimable, même dans ses égaremens. Il se trompa, mais ce fut au moins avec méthode, & de conséquence en conséquence. Il détruisit les Chiméres absurdes, dont on infatuoit la Jeunesse depuis 2000. ans. Il apprit aux hommes de son tems à raisonner & à se servir contre lui-même de ses armes. S'il n'a pas payé en bonne monnoye, c'est beaucoup d'avoir décrié la fausse.

Je ne croi pas qu'on ose à la vérité comparer en rien sa Philosophie avec celle de Newton; la premiére est un Essai, la seconde est un Chef-d'Œuvre. Mais celui qui nous a mis sur la voye de la vérité, vaut peut-être celui qui a été depuis au bout de cette carriére.

Descartes donna la vûe aux aveugles: ils virent les fautes de l'Antiquité, & les siennes; la route qu'il ouvrit est depuis lui devenue immense. Le petit Livre de Rohault a fait pendant quelque-tems une Physique complette; aujourd'hui tous les Recueils des Académies de l'Europe ne font pas même un commencement de Systême. En approfondissant cet abîme, il s'est trouvé infini.

HISTOIRE

HISTOIRE DE L'ATTRACTION.

CHAPITRE XVII.

JE n'entrerai point ici dans une explication Mathématique de ce qu'on appelle l'Attraction, ou la Gravitation: je me borne à l'Histoire de cette nouvelle propriété de la Matiére, devinée long-tems avant Newton & démontrée par lui ; c'est donner en quelque façon l'Histoire d'une création nouvelle.

Copernic, ce Christophe Colomb de l'Astronomie, avoit à peine appris aux hommes le véritable ordre de l'Univers, si long-tems défiguré ; il avoit à peine fait voir que la Terre tourne, & sur elle-même & dans un espace immense, lorsque tous les Docteurs firent à peu près les mêmes objections que leurs devanciers avoient faites contre les Antipodes. St. Augustin en niant ces Antipodes avoit dit: *Eh quoi donc ! ils auroient donc la tête en bas, & ils tomberoient dans le Ciel ?* Les Docteurs disoient à Copernic : Si la Terre tournoit sur elle-

elle-même, toutes ses parties se détacheroient & tomberoient dans le Ciel. Il est certain que la Terre tourne, répondoit Copernic, & que ses parties ne s'envolent pas; il faut donc qu'une Puissance les dirige toutes vers le Centre de la Terre ? & probablement, dit-il, cette propriété existe dans tous les Globes, dans le Soleil, dans la Lune, dans les Etoiles ; c'est un attribut donné à la Matière par la Divine Providence. C'est ainsi qu'il s'explique dans son premier Livre *des Révolutions célestes*, sans avoir osé, ni peut-être pu aller plus loin.

Kepler, qui suivit Copernic & qui perfectionna l'admirable découverte du vrai Système du Monde, approcha un peu du Système de la Pesanteur universelle : on voit dans son Traité de l'Etoile de Mars, des veines encore mal formées de cette Mine dont Newton a tiré son Or. Kepler admet, non-seulement une tendance de tous les Corps terrestres au centre, mais aussi des Astres les uns vers les autres. Il ose entrevoir & dire, que si la Terre & la Lune n'étoient pas retenues dans leurs Orbites, elles s'approcheroient l'une de l'autre, elles s'uniroient. Cette vérité étonnante étoit obscurcie chez lui de tant de nuages & de tant d'erreurs, qu'on a dit qu'il l'avoit devinée par instinct.

Cependant le grand Galilée, parlant d'un principe plus méchanique, examinoit quelle est la chute des corps sur la Terre. Il trouvoit que si un corps tombe dans le premier tems, par exemple, d'une seule toise, il parcourt trois toises dans le second tems, & que dans le troisième tems il parcourt cinq toises; & qu'ainsi, puisque 5, 3 & 1 font 9. & qu'au bout de ce troisième tems le corps a parcouru en tout 9. toises, il se trouve que 9. étant le quarré de trois, les espaces parcourus sont toujours comme le quarré des tems.

Il s'agissoit ensuite de savoir trois choses. 1. Si les corps tomboient également vîte sur la la Terre; abstraction faite de la résistance de l'Air? 2. Quel espace parcouroient ces corps en effet dans une minute? 3. Si, à quelque distance que ce fût du centre de notre Globe, les chûtes seroient les mêmes. Voilà en partie ce que le Chancelier Bacon proposoit d'examiner.

Il est bien singulier que Descartes, le plus grand Géometre de son tems, ne se soit pas servi de ce fil dans le Labyrinthe qu'il s'étoit bâti lui-même. On ne trouve nulle trace de ces vérités dans ses Ouvrages : aussi n'est-il pas surprenant qu'il se soit égaré.

Il voulut créer un Univers. Il fit une Philosophie comme on fait un bon Roman : tout parut vraisemblable & rien ne fut vrai. Il imagina des Elémens, des Tourbillons, qui sembloient rendre une raison plausible de tous les

Mystè-

Myſtères de la Nature; mais en Philoſophie, il faut ſe défier de ce qu'on croit entendre trop aiſément, auſſi-bien que des choſes qu'on n'entend pas.

La Peſanteur, la chûte accélérée des corps ſur la Terre, la révolution des Planetes dans leurs Orbites, leurs rotations autour de leur axe, tout cela n'eſt que du mouvement. Or, *diſoit Deſcartes*, le mouvement ne peut être conçu que par impulſion; donc que tous ces corps ſont pouſſez? Mais par quoi le ſont-ils? Tout l'eſpace eſt plein, donc il eſt rempli d'une matiére très-ſubtile, puiſque nous ne l'appercevons pas? donc cette matiére va d'Occident en Orient, puiſque c'eſt d'Occident en Orient que toutes les Planetes ſont entraînées? Ainſi de ſuppoſitions en ſuppoſitions, & de vraiſemblances en vraiſemblances, on a imaginé un vaſte Tourbillon de Matiére ſubtile, dans lequel les Planetes ſont entraînées autour du Soleil: on a créé encore un autre Tourbillon particulier, qui nage dans le grand & qui tourne journellement autour de la Planete. Quand tout cela eſt fait, on prétend que la peſanteur dépend de ce mouvement journalier; car, dit-on, la Matiére ſubtile qui tourne autour de notre petit Tourbillon, doit avoir incomparablement plus de force centrifuge, & repouſſer par conſéquent tous les corps vers la Terre. Voila la cauſe de la peſanteur dans le Syſtême Cartéſien.

Mr.

Mr. Newton semble anéantir sans ressource tous ces Tourbillons grands & petits, & celui qui emporte les Planetes autour du Soleil, & celui qui fait tourner chaque Planete sur elle-même.

Premiérement, à l'égard du prétendu petit Tourbillon de la Terre, il est prouvé qu'il doit perdre petit à petit son mouvement; il est prouvé que, si la Terre nage dans un fluide, ce fluide doit être de la même densité que la Terre; & si ce fluide est de la même densité, tous les corps que nous remuons, doivent éprouver une résistance extrême. De plus, tout solide, mû dans un fluide aussi dense que lui, perd toute sa vitesse avant d'avoir parcouru 3. de ses diametres; & cela seul détruit sans ressource tout Tourbillon.

2. A l'égard des grands Tourbillons, ils sont encore plus chimériques; il est impossible de les accorder avec les règles de Kepler, dont la vérité est démontrée. Mr. Newton fait voir que la révolution du fluide, dans lequel Jupiter est suposé entraîné, n'est pas avec la révolution du fluide de la Terre, comme la révolution de Jupiter est avec celle de la Terre. Il prouve que les Planetes faisant leurs révolutions dans des Ellipses, & par conséquent étant bien plus éloignées les unes des autres dans leurs Aphélies, & un peu plus proches dans leurs Périhélies, la Terre, par exemple, devroit aller plus vîte, quand elle est plus près de Vénus & de Mars,

puisque

puisque le fluide qui l'emporte étant alors plus pressé, doit avoir plus de mouvement; & cependant c'est alors même que le mouvement de la Terre est plus ralenti.

Il prouve qu'il n'y a point de matière céleste qui aille d'Occident en Orient, puisque les Cometes traversent ces espaces, tantôt de l'Orient à l'Occident, tantôt du Septentrion au Midi.

Enfin, pour mieux trancher encore, s'il est possible, toute difficulté, il prouve, & même par des expériences, que le Plein est impossible, & il nous ramene le Vuide qu'Aristote & Descartes avoient banni du Monde.

Ayant par toutes ces raisons, & par beaucoup d'autres encore, renversé les Tourbillons du Cartésianisme, il desespéroit de pouvoir connoître jamais s'il y a un principe secret dans la Nature, qui cause à la fois le mouvement de tous les Corps célestes, & qui fait la pesanteur de la Terre. S'étant retiré en 1666. à cause de la peste, à la Campagne près de Cambridge, un jour qu'il se promenoit dans son Jardin, & qu'il voyoit des fruits tomber d'un Arbre, il se laissa aller à une méditation profonde sur cette Pesanteur, dont tous les Philosophes ont cherché si long-tems la cause en vain, & dans laquelle le vulgaire ne soupçonne pas même de mystère; il se dit à lui-même, de quelque hauteur dans notre Hémisphére que tombassent ces corps, leur chute seroit certainement

ment dans la progreſſion découverte par Galilée, & les eſpaces parcourus par eux ſeroient comme les quarrez des tems. Ce pouvoir qui fait deſcendre les corps graves, eſt le même, ſans aucune diminution ſenſible, à quelque profondeur qu'on ſoit dans la Terre, & ſur la plus haute Montagne ; pourquoi ce pouvoir ne s'étendroit-il pas juſqu'à la Lune ? Et s'il eſt vrai qu'il pénétre juſque-là, n'y a-t'il pas grande aparence que ce pouvoir la retient dans ſon Orbite, & détermine ſon mouvement ? Mais ſi la Lune obéït à ce principe, tel qu'il ſoit, n'eſt-il pas encore très-raiſonnable de croire que les autres Planetes y ſont également ſoumiſes ? Si ce pouvoir exiſte, ce qui eſt prouvé d'ailleurs, il doit augmenter en raiſon renverſée de quarrez des diſtances. Il n'y a donc plus qu'à examiner le chemin que feroit un corps grave en tombant ſur la Terre d'une hauteur médiocre, & le chemin que feroit dans le même-tems un corps qui tomberoit de l'Orbite de la Lune ; pour en être inſtruit, il ne s'agit plus que d'avoir la meſure de la Terre, & la diſtance de la Lune à la Terre.

Voilà comment Mr. Newton raiſonna. Mais on n'avoit alors en Angleterre que de très-fauſſes meſures de notre Globe. On s'en rapportoit à l'eſtime incertaine des Pilotes, qui comptoient ſoixante mille d'Angleterre pour un degré ; au lieu qu'il en falloit compter près de ſoixante

xante & dix. Ce faux calcul ne s'accordant pas avec les conclusions que Mr. Newton vouloit tirer, il les abandonna. Un Philosophe médiocre & qui n'auroit eu que de la vanité, eût fait quadrer comme il eût pû la mesure de la Terre avec son Systême; Mr. Newton aima mieux abandonner alors son projet. Mais depuis que Mr. Picart eut mesuré la Terre exactement, en traçant cette Méridienne, qui fait tant d'honneur à la France, Mr. Newton reprit ses premiéres idées; & il trouva son compte, avec le calcul de Mr. Picart.

C'est une chose qui me paroît toûjours admirable, qu'on ait découvert de si sublimes véritez, avec l'aide d'un Quart de Cercle & d'un peu d'Arithmétique.

La circonférence de la Terre est de cent vingt-trois millions, deux cens quarante-neuf mille six cens pieds; de cela seul peut suivre le Systême de l'attraction.

Dès qu'on connoît la circonférence de la Terre, on connoît celle de l'Orbite de la Lune, & le diametre de cette Orbite. La révolution de la Lune dans cette Orbite se fait en vingt-sept jours, sept heures, quarante-trois minutes; donc il est démontré que la Lune dans son mouvement moyen, parcourt cent quatre-vingt-sept mille, neuf cens soixante pieds de Paris par minute. Et par un Théorême connu, il est démontré que la force centrale qui feroit

tomber

tomber un corps de la hauteur de la Lune, ne le feroit tomber que de quinze pieds de Paris dans la premiére minute. Maintenant si la règle, par laquelle les corps pesent, gravitent, s'atirent en raison inverse des quarrez des distances, est vraïe, si c'est le même pouvoir qui agit suivant cette règle dans toute la Nature, il est évident que la Terre étant éloignée de la Lune de 60. demi-diametres, un corps grave doit tomber sur la Terre de quinze pieds dans la première seconde, & de cinquante-quatre mille pieds dans la premiére minute.

Or est-il qu'un corps grave tombe en effet de quinze pieds dans la premiére seconde, & parcourt dans la premiére minute cinquante-quatre mille pieds, lequel nombre est le quarré de soixante multiplié par quinze. Donc les corps pesent en raison inverse des quarrez des distances; donc le même pouvoir fait la pesanteur sur la Terre, & retient la Lune dans son Orbite, étant démontré que la Lune pese sur la Terre, qui est le centre de son mouvement particulier. Il est démontré d'ailleurs que la Terre & la Lune pesent sur le Soleil, qui est le centre de leur mouvement annuel.

Les autres Planetes doivent être soumises à cette Loi générale; & si cette Loi existe, ces Planetes doivent suivre les règles trouvées par Kepler. Toutes ces règles, tous ces rapports, sont en effet gardez par les Planetes avec la

Tome IV. L derniè-

dernière exactitude. Donc le pouvoir de la gravitation fait peser toutes les Planetes vers le Soleil, de même que notre Globe.

Enfin la réaction de tout corps étant porportionnelle à l'action, il demeure certain que la Terre pese à son tour sur la Lune, & que le Soleil pese sur l'une & sur l'autre : que chacun des Satellites de Saturne pese sur les quatre, & les quatre sur lui : tous cinq sur Saturne, Saturne sur tous : qu'il en est ainsi de Jupiter ; & que tous ces Globes sont attirés par le Soleil, réciproquement attiré par eux.

Ce pouvoir de gravitation agit à proportion de la matiére que renferme les corps. C'est une vérité que Mr. Newton a démontrée par des expériences. Cette nouvelle découverte a servi à faire voir que le Soleil, centre de toutes les Planetes, les attire toutes en raison directe de leurs masses combinées avec leur éloignement. De-là s'élevant par degrés jusqu'à des connoissances qui sembloient n'être pas faites pour l'Esprit humain, il ose calculer combien de matiére contient le Soleil, & combien il s'en trouve dans chaque Planete.

Son seul principe des loix de la gravitation rend raison de toutes les inégalités apparentes dans le cours des Globes célestes. Les variations de la Lune deviennent une suite nécessaire de ces loix. Le flux & le reflux de la Mer est encore un effet très-simple de cette attraction,

tion. La proximité de la Lune dans son plein, & quand elle est nouvelle, & son éloignement dans ses quartiers, combinez avec l'action du Soleil, rendent une raison sensible de l'élévation & de l'abaissement de l'Océan.

Après avoir rendu compte par sa sublime Théorie du cours & des inégalitez des Planetes, il assujettit les Cometes au frein de la même loi.

Il prouve que ce sont des corps solides qui se meuvent dans la sphére de l'action du Soleil, & décrivent une ellipse si excentrique & si approchante de la parabole, que certaines Cometes doivent mettre plus de cinq cens ans dans leur révolution.

Le savant Mr. Hallay croit que la Comete de 1680. est la même qui parut du tems de Jules-César. Celle-là sur-tout sert plus qu'une autre à faire voir que les Cometes sont des corps durs & opaques, car elle descendit si près du Soleil, qu'elle n'en étoit éloignée que d'une sixième partie de son disque ; elle put par conséquent aquérir un degré de chaleur deux mille fois plus violent que celui du fer le plus enflâmé. Elle auroit été dissoute & consommée en peu de tems, si elle n'avoit pas été un corps opaque. La mode commençoit alors de deviner le cours des Cometes. Le célèbre Mathématicien Jâques Bernoulli conclut par son Système, que cette fameuse Comete de 1680. reparoîtroit le 17. Mai

Mai 1729. Aucun Astronome de l'Europe ne se coucha cette nuit du 17. Mai, mais la fameuse Comete ne parut point. Il y a au moins plus d'adresse, s'il n'y a pas plus de sûreté, à lui donner cinq cens soixante & quinze ans pour revenir. Pour Mr. Whiston, il a sérieusement affirmé que du tems du Déluge, il y avoit eu une Comete qui avoit inondé notre Globe, & il a eu l'injustice de s'étonner qu'on se soit un peu moqué de cette idée. L'Antiquité pensoit à peu près dans le goût de Mr. Whiston; elle croyoit que les Cometes étoient toujours les avant-couriéres de quelque grand malheur sur la Terre. Mr. Newton au contraire soupçonne qu'elles sont très-bienfaisantes, & que les fumées qui en sortent, ne servent qu'à secourir & à vivifier les Planetes, qui s'imbibent dans leur cours de toutes ces particules que le Soleil a détachées des Cometes. Ce sentiment est du moins plus probable que l'autre. Ce n'est pas tout, si cette force de gravitation, d'attraction, agit dans tous les Globes célestes; elle agit sans doute sur toutes les parties de ces Globes. Car si les corps s'attirent en raison de leurs masses, ce ne peut être qu'en raison de la quantité de leurs parties, & si ce pouvoir est logé dans le tout, il l'est sans doute dans la moitié, il l'est dans le quart, dans la huitième partie, ainsi jusqu'à l'infini.

Ainsi voilà l'attraction, qui est le grand ressort

sort qui fait mouvoir toute la Nature. Mr. Newton avoit bien prévû, après avoir démontré l'existence de ce principe, qu'on se révolteroit contre son seul nom ; dans plus d'un endroit de son Livre il précautionne son Lecteur contre ce nom même. Il l'avertit de ne le pas confondre avec les qualitez occultes des Anciens, & de se contenter de connoître qu'il y a dans tous les corps une force centrale qui agit, d'un bout de l'univers à l'autre, sur les corps les plus proches, & sur les plus éloignez, suivant les Loix immuables de la Méchanique.

Il est étonnant qu'après les protestations solemnelles de ce grand homme, Mr. Saurin & Mr. de Fontenelle lui ayent reproché nettement les chimères du Péripatétisme : Mr. Saurin dans les Mémoires de l'Académie de 1709. & Mr. de Fontenelle dans l'Eloge même de Mr. Newton.

Presque tous les Français, savans & autres, ont répété ce reproche. On entend dire partout, pourquoi Mr. Newton ne s'est-il pas servi du mot d'Impulsion que l'on comprend si bien, plutôt que du terme d'Attraction qu'on ne comprend pas ?

Mr. Newton auroit pu répondre à ces Critiques : Premièrement, vous n'entendez pas plus le mot d'Impulsion que celui d'Attraction; & si vous ne concevez pas pourquoi un corps tend vers le centre d'un autre corps, vous n'imaginez pas plus par quelle vertu un corps en peut pousser un autre.

Secondement, je n'ai pu admettre l'Impulsion ; car il faudroit pour cela que j'eusse connu qu'une Matiére célelte pousse en effet les Planetes ; or, non-seulement je ne connois point cette matiére, mais j'ai prouvé qu'elle n'existe pas.

Troisièmement, je ne me sers du mot d'Attraction que pour exprimer un effet que j'ai découvert dans la Nature, effet certain & indisputable d'un principe inconnu, qualité inhérente dans la matiére, dont de plus habiles que moi trouveront, s'ils peuvent, la cause.

Que nous avez-vous donc appris ? insiste-t'on encore ; & pourquoi tant de calculs, pour nous dire ce que vous-même ne comprenez pas ?

Je vous ai appris (pourroit continuer Mr. Newton) que la méchanique des forces centrales font seules mouvoir les Planetes & les Cometes dans des proportions marquées. Je suis, continueroit-il, dans un cas bien différent des Anciens ; ils voyoient, par exemple, l'eau monter dans les pompes, & ils disoient l'eau monte, parce qu'elle a horreur du vuide. Mais moi je suis dans le cas de celui qui auroit remarqué le premier que l'eau monte dans les pompes, & qui laisseroit à d'autres le soin d'expliquer la cause de cet effet. L'Anatomiste qui a dit le premier que le bras se remue,

parce

parce que les muscles se contractent, enseigna aux hommes une vérité incontestable; lui en aura-t'on moins d'obligation, parce qu'il n'a pas su pourquoi les muscles se contractent? La cause du ressort de l'air est inconnue, mais celui qui a découvert ce ressort, a rendu un grand service à la Physique. Le ressort que j'ai découvert étoit plus caché & plus universel; ainsi on doit m'en savoir plus de gré. J'ai découvert une nouvelle propriété de la Matiére, un des secrets du Créateur, j'en ai calculé, j'en ai démontré les effets; peut-on me chicaner sur le nom que je lui donne?

Ce sont les Tourbillons qu'on peut appeller une qualité occulte, puisqu'on n'a jamais prouvé leur existence: l'Attraction au contraire est une chose réelle, puisqu'on en démontre les effets, & qu'on en calcule les proportions. La cause de cette cause est dans le sein de Dieu.

Procedes huc, & non ibis amplius.

SUR L'OPTIQUE DE Mʀ. NEWTON.

CHAPITRE XVIII.

UN nouvel Univers a été découvert par les Philosophes du dernier Siècle, & ce Monde nouveau étoit d'autant plus difficile à connoître, qu'on ne se doutoit pas même qu'il existât. Il sembloit aux plus sages que c'étoit une témérité insensée d'oser seulement songer qu'on pût deviner par quelles loix les Corps célestes se meuvent, & comment la Lumière agit. Galilée par ses découvertes astronomiques, Kepler, par ses calculs, Descartes, au moins en partie dans sa Dioptrique, & Newton dans tous ses Ouvrages, ont vû la méchanique des ressorts du Monde. Dans la Géometrie on a assujetti l'infini au calcul, la circulation du sang dans les Animaux & de la séve

dans

dans les Végétables, ont changé pour nous la Nature. Une nouvelle manière d'exister a été donnée au corps dans la Machine pneumatique. Les objets se sont rapprochez de nos yeux à l'aide des Télescopes. Enfin, ce que Mr. Newton a découvert sur la Lumière, est digne de tout ce que la curiosité des hommes pouvoit attendre de plus hardi, après tant de nouveautés.

Jusqu'à Antonio de Dominis, l'Arc-en-Ciel avoit paru un miracle inexplicable. Ce Philosophe devina & expliqua que c'étoit un effet nécessaire de la pluie & du Soleil. Descartes rendit son nom immortel par un exposé encore plus mathématique de ce Phénomène si naturel; il calcula les réflexions & les réfractions de la lumière dans les goutes de pluie, & cette sagacité eut alors quelque chose de divin.

Mais qu'auroit-il dit, si on lui avoit fait connoître qu'il se trompoit sur la nature de la lumière, qu'il n'avoit aucune raison d'assurer que c'étoit un corps globuleux, s'étendant par tout l'Univers, qui n'attend pour être mis en action que d'être poussé par le Soleil, ainsi qu'un long bâton qui agit à un bout, quand il est pressé par l'autre; qu'il est très-vrai qu'elle est dardée par le Soleil, & qu'enfin la lumière est transmise du Soleil à la Terre en près de sept minutes, quoiqu'un boulet de canon, conservant toujours sa vitesse, ne puisse faire ce chemin

chemin qu'en vingt-cinq années ? Quel eût été son étonnement si on lui eût dit : Il est faux que la lumiére se réfléchisse réguliérement en rebondissant sur les corps solides : il est faux que les corps soient transparens, quand ils ont des pores larges; & il viendra un homme qui démontrera ces paradoxes, & qui anatomisera un seul raïon de lumiére avec plus de dextérité, que le plus habile Artiste ne dissèque le corps humain ?

Cet homme est venu. Mr. Newton avec le seul secours du Prisme a démontré aux yeux, que la lumiére est un amas de raïons colorez, qui tous ensemble donnent la couleur blanche; un seul raïon est divisé par lui en sept raïons, qui viennent tous se placer sur un linge ou sur un papier blanc, dans leur ordre, l'un au-dessus de l'autre & à d'inégales distances. Le premier est couleur de feu, le second citron, le troisième jaune, le quatrième verd, le cinquième bleu, le sixième indigo, le septième violet. Chacun de ces raïons tamisé ensuite par cent autres prismes, ne changera jamais la couleur qu'il porte, de même qu'un or épuré ne s'altère plus dans les creusets; & pour surabondance de preuve que chacun de ces raïons élémentaires porte en soi ce qui fait sa couleur à nos yeux, prenez un petit morceau de bois jaune, par exemple, & exposez-le au raïon couleur de feu, & le bois se teint à l'instant en couleur de feu ; exposez-le au raïon verd, il prend la couleur verte, & ainsi du reste.

Quelle est donc la cause des couleurs dans la Nature ? Rien autre chose que la disposition des corps à réfléchir les raïons d'un certain ordre, & à absorber tous les autres.

Quelle est donc cette secrette disposition ? Il démontre que c'est uniquement l'épaisseur des petites parties constituantes dont un corps est composé. Et comment se fait cette réflexion ? On pensoit que c'étoit parce que les raïons rebondissoient comme une balle sur la surface d'un corps solide. Point du tout. Mr. Newton a apris aux Philosophes étonnés, que la lumière se réfléchit, non des surfaces mêmes ; mais, sans toucher aux surfaces, qu'elle rejaillit du sein des pores, & enfin du vuide même. Il leur a appris que les corps sont opaques en partie, parce que leurs pores sont larges ; que plus les pores d'un corps sont petits, plus le corps est transparent ; ainsi le papier qui réfléchit la lumière quand il est sec, la transmet quand il est huilé, parce que l'huile remplissant ses pores, les rend beaucoup plus petits.

C'est-là qu'examinant l'extrême porosité des corps, chaque partie ayant ses pores, & chaque partie de ses parties ayant les siens, il fait voir qu'on n'est point assuré qu'il y ait un pouce cubique de matière solide dans l'Univers ; tant notre esprit est éloigné de concevoir ce que c'eſt que la Matiére. Ayant ainſi décompoſé la lumiére, & ayant porté la ſagacité de ſes découvertes juſqu'à démontrer le moyen de connoître la couleur compoſée par les couleurs primitives, il fait voir que ces raïons élémentaires, ſéparez par le moyen du priſme, ne ſont arrangez dans leur ordre, que parce qu'ils ſont réfractez en cet ordre même; & c'eſt cette propriété inconnuë juſqu'à lui de ſe rompre dans cette proportion, c'eſt cette réfraction inégale des raïons, ce pouvoir de réfracter le rouge moins que la couleur orangée, &c. qu'il nomme réfrangibilité. Les raïons les plus réflexibles ſont les plus réfrangibles, de-là il fait voir que le même pouvoir cauſe la réflexion & la réfraction de la lumiére.

Tant de merveilles ne ſont que le commencement de ſes découvertes; il a trouvé le ſecret de voir les vibrations & les ſecouſſes de lumiére qui vont & viennent ſans fin, & qui tranſmettent la lumiére ou la réfléchiſſent ſelon l'épaiſſeur des parties qu'elles rencontrent. Il a oſé calculer l'épaiſſeur des particules d'air, néceſſaire entre deux verres poſez l'un ſur l'autre; l'un plat, l'autre convéxe d'un côté, pour opérer telle tranſmiſſion ou réflexion, & pour faire telle ou telle couleur.

De toutes ces combinaiſons, il trouve en quelle proportion la lumiére agit ſur les corps, & les corps agiſſent ſur elle.

Il a si bien vû la lumiére, qu'il a déterminé à quel point l'art de l'augmenter, & d'aider nos yeux par des Télescopes, doit se borner.

Descartes, par une noble confiance bien pardonnable à l'ardeur que lui donnoient les commencemens d'un Art presque découvert par lui, espéroit voir dans les Astres, avec des Lunettes-d'aproche, des objets aussi petits que ceux qu'on discerne sur la Terre.

Newton a montré qu'on ne peut plus perfectionner les Lunettes, à cause de cette réfraction & de cette réfrangibilité même, qui en nous raprochant les objets, écartent trop les rayons élémentaires; il a calculé dans ces verres la proportion de l'écartement des rayons rouges & des rayons bleus, & portant la démonstration dans des choses dont on ne soupçonnoit pas même l'existence, il examine les inégalitez que produit la figure du verre, & celle que fait la réfrangibilité. Il trouve que le verre objectif de la Lunette étant convexe d'un côté & plat de l'autre, si le côté plat est tourné vers l'objet, le défaut qui vient de la construction & de la position du verre, est cinq mille fois moindre que le défaut qui vient par la réfrangibilité ; & qu'ainsi ce n'est pas la figure des verres qui fait qu'on ne peut perfectionner les Lunettes-d'aproche, mais qu'il faut s'en prendre à la nature même de la lumiére.

Voilà pourquoi il inventa un Télescope, qui
montre

montre les objets par réflexion, & non point par réfraction.

Il étoit encore peu connu en Europe, quand il fit cette Découverte. J'ai vû un petit Livre composé environ ce tems-là, dans lequel en parlant du Télescope de Newton, on le prend pour un Lunetier : *Artifex quidam Anglus nomine Newton.* La renommée l'a bien vangé depuis.

HISTOIRE DE L'INFINI.

CHAPITRE XIX.

Les premiers Géometres se sont apperçus, sans doute, dès l'onzième ou douzième proposition, que s'ils marchoient sans s'égarer, ils étoient sur le bord d'un abîme, & que les petites vérités incontestables qu'ils trouvoient, étoient entourées de l'Infini. On l'entrevoioit, dès qu'on songeoit qu'un côté d'un quarré ne peut jamais mesurer la diagonale, ou que des circonférences de Cercles différens passeront toujours entre un Cercle & sa tangente, &c. Quiconque cherchoit seulement la racine du nombre 6. voyoit bien que c'étoit un nombre entre deux & trois; mais quelque division qu'il pût faire, cette racine dont il approchoit toujours ne se trouvoit jamais. Si l'on consideroit une ligne droite coupant une autre ligne droite perpen-
diculaire-

diculairement, on les voyoit se couper en un point indivisible; mais si elles se coupoient obliquement, on étoit forcé, ou d'admettre un point plus grand qu'un autre, ou de ne rien comprendre dans la nature des points & dans le commencement de toute grandeur.

La seule inspection d'un Cone droit étonnoit l'esprit; car sa base, qui est un Cercle, contient un nombre infini de lignes. Son sommet est quelque chose qui diffère infiniment de la ligne. Si on coupoit ce Cone parallèlement à son axe, on trouvoit une figure qui s'aprochoit toujours de plus en plus des côtés du triangle formé par le Cone, sans jamais le rencontrer. L'Infini étoit par-tout, comment connoître l'air d'un Cercle? comment celle d'une courbe quelconque?

Avant Apollonius le Cercle n'avoit été étudié que comme mesure des Angles, & comme pouvant donner certaines moyennes proportionnelles. Ce qui prouve en passant que les Egyptiens, qui avoient enseigné la Géometrie aux Grecs, avoient été de très-médiocres Géometres, quoiqu'assez bons Astronomes. Apollonius entra dans le détail des Sections coniques. Archiméde considéra le Cercle comme une figure d'une infinité de côtés, & donna le rapport du diametre à la circonference, tel que l'Esprit humain peut le donner. Il quarra la parabole; Hypocrate de Chio quarra les lunules du Cercle.

La duplication du cube, la trisection de
l'angle,

l'angle, inabordables à la Géometrie ordinaire, & la quadrature du Cercle impossible à toute Géometrie, furent l'inutile objet des recherches des Anciens. Ils trouvérent quelques secrets sur leur route, comme les Chercheurs de la Pierre Philosophale. On connoît la Cissoïde de Dioclès, qui approche de sa directrice sans jamais l'atteindre, la Concoïde de Nicomède qui est dans le même cas, la Spirale d'Archimède. Tout cela fut trouvé sans Algèbre, sans ce calcul qui aide si fort l'Esprit humain, & qui semble le conduire sans l'éclairer.

Que deux Arithméticiens, par exemple, ayent un compte à faire, que le premier le fasse de tête, voyant toujours ses nombres presens à son esprit : & que l'autre opére sur le papier par une règle de routine, mais sûre, dans laquelle il ne voit jamais la vérité qu'il cherche qu'après le résultat, & comme un homme qui y est arrivé les yeux fermez ; voilà à peu près la différence qui est entre un Géometre sans calcul, qui considére des figures & voit leurs rapports, & un Algébriste qui cherche ces rapports par des opérations qui ne parlent point à l'esprit. Mais on ne peut aller loin avec la premiére méthode : elle est peut-être réservée pour des Etres supérieurs à nous. Il nous faut des secours qui aident & qui prouvent notre foiblesse. A mesure que la Géometrie s'est étendue, il a fallu plus de ces secours.

Hariot

Hariot Anglais, Viette Poitevin, & surtout le fameux Descartes, employérent les signes, les lettres. Descartes soumit les courbes à l'Algèbre, & réduisit tout en équations Algébraïques.

Du tems de Descartes, Cavalliero, Religieux d'un Ordre des Jésuates qui ne subsiste plus, donna au public en 1635. la Géometrie des indivisibles : Géometrie toute nouvelle, dans laquelle les plans sont composez d'une infinité de lignes, & les solides d'une infinité de plans. Il est vrai qu'il n'osoit pas plus prononcer le mot d'Infini en Mathématique, que Descartes en Physique. Ils se servoient l'un & l'autre du terme adouci d'*Infini* ; cependant Roberval en France avoit les mêmes idées, & il y avoit alors à Bruges un Jésuite qui marchoit à pas de Géant dans cette carriére par un chemin différent. C'étoit Grégoire de S. Vincent, qui, en prenant pour but une erreur, & croïant avoir trouvé la Quadrature du Cercle, trouva en effet des choses admirables. Il réduisit l'Infini même à des rapports finis ; il connut l'Infini en petit & en grand. Mais ces recherches étoient noyées dans trois *in-folio* : elles manquoient de méthode ; &, qui pis est, une erreur palpable qui terminoit le Livre, nuisit à toutes les véritez qu'il contenoit.

On cherchoit toujours à quarrer des courbes. Descartes se servoit des tangentes : Fermat,

mat, Conseiller de Toulouse, employoit sa règle de *maximis & minimis*; règle qui méritoit plus de justice que Descartes ne lui en rendit, Wallis Anglais en 1655. donna hardiment l'Arithmétique des infinis, & des suites infinies en nombre.

Mylord Brounker se servit de cette suite pour quarrer une hyperbole. Mercator de Holstein eut grande part à cette invention; mais il s'agissoit de faire sur toutes les courbes ce que le Lord Brounker avoit si heureusement tenté. On cherchoit une méthode générale d'assujettir l'Infini à l'Algèbre, comme Descartes y avoit assujetti le Fini: c'est cette méthode que trouva Newton à l'âge de vingt-trois ans; aussi admirable en cela que notre jeune Mr. Cléraut, qui à l'âge de treize ans, vient de faire imprimer un Traité de la mesure des Courbes à double courbure. La méthode de Newton a deux parties, le calcul différentiel & le calcul intégral.

Le différentiel consiste à trouver une quantité plus petite qu'aucune assignable, laquelle prise une infinité de fois, égale la quantité donnée; & c'est ce qu'en Angleterre on appelle la méthode des fluentes ou des fluxions.

L'intégral consiste à prendre la somme totale des quantités différentielles.

Le célèbre Philosophe Leibnitz & le profond Mathématicien Bernoulli ont tous deux revendiqué; l'un le calcul différentiel, l'autre

le

le calcul intégral ; il faut être capable d'inventer des choses si sublimes, pour oser s'en attribuer l'honneur. Pourquoi trois grands Mathématiciens, cherchant tous la vérité, ne l'auront-ils pas trouvée ? Torricelli, la Loubére, Descartes, Roberval, Pascal, n'ont-ils pas tous démontré, chacun de leur côté, les propriétés de la Cicloïde, nommée alors la Roulette ? N'a-t-on pas vû souvent des Orateurs traitant le même sujet, employer les mêmes pensées sous des termes différens ? Les signes dont Newton & Leibnitz se servoient étoient différens, & les pensées étoient les mêmes.

Quoi qu'il en soit, l'Infini commença alors à être traité par le calcul. On s'accoutuma insensiblement à recevoir des infinis plus grands les uns que les autres. Cet Edifice si hardi effraya un des Architectes. Leibnitz n'osa appeller ces infinis que des incomparables ; mais Mr. de Fontenelle vient enfin d'établir ces différens ordres d'infinis sans aucun ménagement, & il faut qu'il ait été bien sûr de *son fait* pour l'avoir osé.

DE LA CHRONOLOGIE DE NEWTON,

Qui fait le Monde moins vieux de 500. ans.

CHAPITRE XX.

IL me reste à vous parler d'un autre Ouvrage plus à la portée du Genre Humain ; mais qui se sent toujours de cet esprit créateur que Mr. Newton portoit dans toutes ses recherches. C'est une Chronologie toute nouvelle ; car dans tout ce qu'il entreprenoit, il falloit qu'il changeât les idées reçues par les autres hommes.

Accoutumé à débrouiller des cahos ; il a voulu porter au moins quelque lumiére dans celui des Fables anciennes confondues avec l'Histoire, & fixer une Chronologie incertaine. Il est vrai qu'il n'y a point de famille, de Ville, de Nation, qui ne cherche à reculer son origine. De plus, les premiers Historiens sont les plus négligens à marquer les dattes. Les Livres étoient moins communs mille fois qu'aujourd'hui, par conséquent étant moins exposez à la critique, on trompoit le monde

plus

plus impunément; & puisqu'on a évidemment supposé des faits, il est assez probable qu'on a aussi supposé des dattes.

En général, il parut à Mr. Newton que le Monde étoit de cinq cens ans plus jeune que les Chronologistes ne le disent. Il fonde son idée sur le cours ordinaire de la Nature, & sur les Observations astronomiques.

On entend ici par le cours de la Nature, le tems de chaque génération des hommes. Les Egyptiens s'étoient servis les premiers de cette maniére incertaine de compter, quand ils voulurent écrire les commencemens de leur Histoire. Ils comptoient 341. générations depuis Menès jusqu'à Sethon; & n'ayant pas de dattes fixes, ils évaluérent trois générations à 100. ans. Ainsi ils comptérent du régne de Menès au régne de Sethon 11340. années.

Les Grecs, avant de compter par Olympiades, suivirent la méthode des Egyptiens, & étendirent un peu la durée des générations, poussant chaque génération jusqu'à quarante années.

Or en cela les Egyptiens & les Grecs se trompérent dans leur calcul. Il est bien vrai que, selon le cours ordinaire de la Nature, trois générations font environ cent à six vingt ans; mais il s'en faut bien que trois régnes tiennent ce nombre d'années. Il est très-évident, qu'en général les hommes vivent plus longtems que les Rois ne régnent. Ainsi un homme

me qui voudra écrire l'Histoire, sans avoir des dattes précises, & qui saura qu'il y a eu neuf Rois chez une Nation, aura grand tort s'il compte 300. ans pour ces neuf Rois. Chaque génération est d'environ 30. ans, chaque régne est d'environ vingt, l'un portant l'autre. Prenez les 30. Rois d'Angleterre, depuis Guillaume le Conquérant jusqu'à George I. ils ont régné 648. ans, ce qui, réparti sur les 30. Rois, donne à chacun 21. ans & demi de régne. Soixante-trois Rois de France ont régné, l'un portant l'autre, chacun à peu près vingt ans. Voilà le cours ordinaire de la Nature. Donc les Anciens se sont trompés, quand ils ont égalé en général la durée des régnes à la durée des générations ; donc ils ont trop compté ; donc il est à propos de retrancher un peu de leur calcul.

Les observations astronomiques semblent prêter encore un plus grand secours à notre Philosophe. Il paroît plus fort en combattant sur son terrain.

Vous savez que la Terre, outre son mouvement annuel qui l'emporte autour du Soleil d'Occident en Orient dans l'espace d'un année, a encore une révolution singuliére tout-à-fait inconnue jusqu'à ces derniers tems. Ses poles ont un mouvement très-lent de rétrogradation d'Orient en Occident, qui fait que chaque jour leur position ne répond pas précisément au même point du Ciel. Cette différence insensible en une année, devient assez forte avec le tems ; & au bout de 72. ans, on trouve que la différence est d'un degré, c'est-à-dire, de la 360. partie de tout le Ciel. Ainsi après 72. années le Colure de l'Equinoxe du Printems qui passoit par une Fixe, répond à une autre Fixe. De-là vient que le Soleil, au lieu d'être dans la partie du Ciel où étoit le Belier du tems d'Hipparque, se trouve répondre à cette partie du Ciel où étoit le Taureau ; & que les Gemeaux sont à la place où le Taureau étoit alors. Tous les Signes ont changé de place ; cependant nous retenons toujours la manière de parler des Anciens. Nous disons que le Soleil est dans le Belier au Printems, par la même condescendance que nous disons que le Soleil tourne.

Hipparque fut le premier chez les Grecs, qui s'apperçût de quelque changement dans les Constellations, par rapport aux Equinoxes, ou plutot qui l'apprit des Egyptiens. Les Philosophes attribuérent ce mouvement aux Etoiles ; car alors on étoit bien loin d'imaginer une telle révolution dans la Terre. On la croyoit dans tous sens immobile. Ils créérent donc un Ciel où ils attachérent toutes les Etoiles, & donnérent à ce Ciel un mouvement particulier, qui le faisoit avancer vers l'Orient, pendant que toutes les Etoiles sembloient faire leur route journalière d'Orient en Occident.

A cette erreur ils en ajoutérent une seconde, bien plus essentielle. Ils crurent que le Ciel prétendu des Etoiles fixes avançoit d'un degré vers l'Orient en cent années. Ainsi ils se trompérent dans leur calcul astronomique, aussi-bien que dans leur Système phisique. Par exemple, un Astronome auroit dit alors, l'Equinoxe du Printems a été du tems d'un tel Observateur dans un tel signe, à une telle Etoile. Il a fait deux degrés de chemin, depuis cet Observateur jusqu'à nous : or deux degrés valent 200. ans; donc cet Observateur vivoit 200. ans avant moi. Il est certain qu'un Astronome qui auroit raisonné ainsi, se seroit trompé justement de cinquante-quatre ans. Voilà pourquoi les Anciens, doublement trompés, composérent leur grande Année du Monde, c'est-à-dire, de la révolution de tout le Ciel, d'environ 36000. ans. Mais les Modernes savent que cette révolution imaginaire du Ciel des Etoiles, n'est autre chose que la révolution des poles de la Terre qui se fait en 25900. ans. Il est bon de remarquer ici en passant, que Mr. Newton, en déterminant la figure de la Terre, a très-heureusement expliqué la raison de cette révolution.

Tout ceci posé, il reste pour fixer la Chronologie, de voir par quelle Etoile le Colure des Equinoxes coupe aujourd'hui l'Ecliptique au Printems, & de savoir s'il ne se trouve point quelque Ancien qui nous ait dit en quel

Tome IV. M point

point l'Ecliptique étoit coupé de son tems, par le même Colure des Equinoxes.

Clément Aléxandrin rapporte que Chiron, qui étoit de l'Expédition des Argonautes, observa les Constellations au tems de cette fameuse Expédition, & fixa l'Equinoxe du Printems au milieu du Belier, l'Equinoxe d'Automne au milieu de la Balance, le Solstice de notre Eté au milieu du Cancer, & le Solstice d'Hiver au milieu du Capricorne.

Long-tems après l'Expédition des Argonautes, & un an avant la Guerre du Péloponnèse, Meton observa que le point du Solstice d'Eté passoit par le sixième degré du Cancer. Or chaque Signe du Zodiaque est de 30. degrés. Du tems de Chiron, le Solstice étoit à la moitié du Signe, c'est-à-dire, au quinzième degré ; un an avant la Guerre du Péloponnèse, il étoit au huitième ; donc il avoit retardé de sept degrés (un degré vaut 72. ans) ; donc du commencement de la Guerre du Péloponnèse, à l'entreprise des Argonautes, il n'y a que sept fois 72. ans, qui font 504. ans, & non pas 700. années, comme le disoient les Grecs. Ainsi en comparant l'état du Ciel d'aujourd'hui à l'état où il étoit alors, nous voyons que l'Expédition des Argonautes doit être placée 209. ans avant Jesus-Christ, & non pas environ 1400. ans ; & que par conséquent le Monde est moins vieux d'environ 500. ans.

qu'on

qu'on ne penſoit. Par-là toutes les Epoques ſont rapprochées, & tout eſt fait plus tard qu'on ne le dit. Je ne ſai ſi ce Syſtême ingénieux fera une grande fortune, & ſi l'on voudra ſe réſoudre ſur ces idées à réformer la Chronologie du Monde. Peut-être les Savans trouveroient-ils que ç'en ſeroit trop d'accorder à un même homme l'honneur d'avoir perfectionné à la fois la Phiſique, la Géometrie, & l'Hiſtoire; ce ſeroit une eſpèce de Monarchie univerſelle dont l'amour-propre s'accommode mal-aiſément. Auſſi dans le tems que de très-grands Philoſophes l'attaquoient ſur l'Attraction, d'autres combattoient ſon Syſtême Chronologique. Le tems qui dévroit faire voir à qui la victoire eſt due, ne fera peut-être que laiſſer la diſpute indéciſe.

Il eſt bon, avant de quitter Newton, d'avertir que l'Infini, l'Attraction, & le Cahos de la Chronologie, ne ſont pas les ſeuls abîmes où il ait fouillé. Il s'eſt aviſé de commenter l'Apocalypſe. Il y trouve que le Pape eſt l'Antechriſt, & il explique ce Livre incompréhenſible, à peu près comme tous ceux qui s'en ſont mêlés. Apparemment qu'il a voulu par ce Commentaire conſoler la race humaine de la ſupériorité qu'il avoit ſur elle.

DE LA TRAGÉDIE.

CHAPITRE XXI.

Les Anglais avoient déja un Théâtre aussi-bien que les Espagnols, quand les Français n'avoient encore que des tréteaux. Shakespear, qui passoit pour le Corneille des Anglais, fleurissoit à peu près dans le tems de Lopez de Vega; il créa le Théâtre, il avoit un génie plein de force & de fécondité, de naturel & de sublime, sans la moindre étincelle de bon goût, & sans la moindre connoissance des règles. Je vais vous dire une chose hazardée, mais vraïe, c'est que le mérite de cet Auteur a perdu le Théâtre des Anglais; il y a de si belles Scènes, des morceaux si grands & si terribles répandus dans ses Farces monstrueuses qu'on appelle Tragédie, que ces Piéces ont toujours été jouées avec un grand succès. Le tems, qui seul fait la réputation des hommes, rend à la fin leurs défauts respectables. La plûpart des idées bizarres & gigantesques de cet Au-

Auteur ont aquis, au bout de 150. ans, le droit de passer pour sublimes. Les Auteurs modernes l'ont presque tous copié. Mais ce qui réussissoit en Shakespear, est sifflé chez eux, & vous croyez bien que la vénération qu'on a pour cet Ancien, augmente à mesure que l'on méprise les Modernes. On ne fait pas réflexion qu'il ne faudroit pas l'imiter, & le mauvais succès des Copistes fait seulement qu'on le croit inimitable. Vous savez que dans la Tragédie du More de Venise, Piéce très-touchante, un mari étrangle sa femme sur le Théatre ; & que quand la pauvre femme est étranglée, elle s'écrie qu'elle meurt très-injustement. Vous n'ignorez pas que dans Hamlet, des Fossoyeurs creusent une fosse en buvant, en chantant des Vaudevilles, & en faisant sur les têtes des morts qu'ils rencontrent, des plaisanteries convenables à gens de leur métier ; mais ce qui vous surprendra, c'est qu'on a imité ces sottises. Sous le régne de Charles II. qui étoit celui de la politesse, & l'âge des Beaux-Arts, Otway dans sa Venise sauvée, introduit le Sénateur Antonio & sa Courtisane Naki au milieu des horreurs de la Conspiration du Marquis de Bedemar. Le vieux Sénateur Antonio fait auprès de sa Courtisane toutes les singeries d'un vieux débauché, impuissant & hors du bons sens. Il contrefait le Taureau & le Chien, il mord les jambes de sa Maîtresse, qui lui donne des coups de pieds &

des coups de fouet. On a retranché de la Piece d'Otway ces bouffonneries, faites pour la plus vile canaille; mais on a laissé dans le Jules-César de Shakespear les plaisanteries des Cordonniers & des Savetiers Romains, introduits sur la Scène avec Cassius & Brutus. Vous vous plaindrez sans doute que ceux qui jusqu'à present vous ont parlé du Théâtre Anglais, & surtout de ce fameux Shakespear, ne vous ayent encore fait voir que ses erreurs, & que personne n'ait traduit aucun de ces endroits frapans qui demandent grace pour toutes ses fautes. Je vous répondrai qu'il est bien aisé de rapporter en Prose les sottises d'un Poëte, mais très-difficile de traduire ses beaux Vers. Tous les Grimauds qui s'érigent en critiques des Ecrivains célèbres, compilent des Volumes. J'aimerois mieux deux pages qui nous fissent connoître quelque beauté; car je maintiendrai toujours avec tous les gens de bon goût, qu'il y a plus à profiter dans douze Vers d'Homére & de Virgile, que dans toutes les Critiques qu'on a faites de ces deux grands Hommes.

J'ai hazardé de traduire quelques morceaux des meilleurs Poëtes Anglais, en voici un de Shakespear. Faites grace à la copie en faveur de l'Original, & souvenez-vous toujours, quand vous voyez une traduction, que vous ne voyez qu'une foible Estampe d'un beau Tableau. J'ai choisi le Monologue de la Tragédie de Hamlet

let qui est sû de tout le monde, & qui commence par ces Vers;

To be, or not to be! that is the Question! &c.

C'est Hamlet Prince de Dannemark qui parle.

Demeure, il faut choisir & passer à l'instant
De la vie à la mort, ou de l'être au néant.
Dieux cruels, s'il en est, éclairez mon courage.
Faut-il vieillir courbé sous la main qui m'outrage,
Supporter, ou finir mon malheur & mon sort?
Qui suis-je? Qui m'arrête? Et qu'est-ce que la Mort?
C'est la fin de nos maux, c'est mon unique azile,
Après de longs transports, c'est un sommeil tranquile.
On s'endort, & tout meurt, mais un affreux réveil
Doit succéder peut-être aux douceurs du sommeil.
On nous menace, on dit que cette courte Vie
De tourmens éternels est aussi-tôt suivie.
O Mort! moment fatal! affreuse Eternité!
Tout cœur à ton seul nom se glace épouvanté.
Eh! qui pourroit sans toi supporter cette vie:
De nos Prêtres menteurs benir l'hypocrisie:
D'une indigne Maîtresse encenser les erreurs:
Ramper sous un Ministre, adorer ses auteurs;
Et montrer les langueurs de son ame abattue
A des Amis ingrats qui détournent la vûe?
La Mort seroit trop douce en ces extrémitez,

Mais le scrupule parle, & nous crie arrêtez ?
Il défend à nos mains cet heureux homicide,
Et d'un Héros guerrier, fait un Chrétien timi-
 de, &c.

 Ne croyez pas que j'aye rendu ici l'Anglais mot pour mot ; malheur aux faiseurs de traductions littérales, qui traduisant chaque parole énervent le sens. C'est bien-là qu'on peut dire que la lettre tue, & que l'esprit vivifie.
 Voici encore un passage d'un fameux Tragique Anglais ; c'est Dryden Poëte du tems de Charles II. Auteur plus fécond que judicieux, qui auroit une réputation sans mélange, s'il n'avoit fait que la dixième partie de ses Ouvrages.
 Ce morceau commence ainsi :

When I consider Life 'tis all a Cheat
Yet fool'd by Hope Men favour the Deceit, &c.

De desseins en regrets, & d'erreurs en desirs
Les mortels insensés promenent leur folie
Dans des malheurs presens, dans l'espoir des
 plaisirs.
Nous ne vivons jamais, nous attendons la vie.
Demain, demain, dit-on, va combler tous nos vœux.
Demain vient, & nous laisse encor plus malheureux.
Quelle est l'erreur, hélas ! du soin qui nous devore,
          Nul

Nul de nous ne voudroit recommencer son cours.
De nos premiers momens nous maudissons l'aurore,
Et de la nuit qui vient, nous attendons encore
Ce qu'ont en vain promis les plus beaux de nos jours, &c.

C'est dans ces morceaux détachez que les Tragiques Anglais ont jusques ici excellé. Leurs Pièces, presque toutes barbares, dépourvues de bienséance, d'ordre & de vraisemblance, ont des lueurs étonnantes au milieu de cette nuit. Le stile est trop empoulé, trop hors de la nature, trop copié des Ecrivains Hébreux, si remplis de l'enflure Asiatique ; mais aussi il faut avouer que les échasses du stile figuré, sur lesquelles la Langue Anglaise est guindée, élévent l'esprit bien haut, quoique par une marche irréguliére. Le premier Anglais qui ait fait une Pièce raisonnable, & écrite d'un bout à l'autre avec élégance, c'est l'illustre Mr. Addison. Son Caton d'Utique est un Chef-d'Œuvre pour la diction, & pour la beauté des Vers. Le rôle de Caton est à mon gré fort au-dessus de celui de Cornélie dans le Pompée de Corneille ; car Caton est grand sans enflûre, & Cornélie, qui d'ailleurs n'est pas un personnage nécessaire, vise quelquefois au galimathias. Le Caton de Mr. Addison me paroît le plus beau personnage qui soit sur aucun Théâtre, mais les autres rôles de la Piéce n'y répondent pas; & cet ouvrage si bien écrit est défiguré par une intrigue froide d'amour, qui répand sur la Pièce une langueur qui la tuë.

La coutume d'introduire de l'amour, à tort & à travers, dans les Ouvrages dramatiques, passa de Paris à Londres vers l'an 1660. avec nos rubans, & nos perruques. Les femmes qui y parent les Spectacles, comme ici, ne veulent plus souffrir qu'on leur parle d'autres choses que d'amour. Le sage Addison eut la molle complaisance de plier la sévérité de son caractére aux mœurs de son tems, & gâta un Chef-d'Œuvre pour avoir voulu plaire.

Depuis lui les Pièces sont devenues plus réguliéres, le Peuple plus difficile, les Auteurs plus corrects & moins hardis. J'ai vu des Pièces nouvelles fort sages, mais froides. Il semble que les Anglais n'ayent été faits jusqu'ici que pour produire des beautés irrégulières. Les monstres brillans de Shakespear plaisent mille fois plus que la sagesse moderne. Le génie poétique des Anglais ressemble jusqu'à present à un Arbre touffu, planté par la Nature, jettant au hazard mille rameaux, & croissant inégalement avec force. Il meurt, si vous voulez forcer sa Nature, & le tailler en Arbre des Jardins de Marli.

SUR LA COMEDIE.

CHAPITRE XXII.

JE ne fai comment le fage & ingénieux Mr. de Muralt, dont nous avons les Lettres fur les Anglais & fur les Français, s'eft borné, en parlant de la Comédie, à critiquer un Comique nommé Shadwell. Cet Auteur étoit affez méprifé de fon tems. Il n'étoit point le Poëte des honnêtes gens. Ses Pièces, goûtées pendant quelques repréfentations par le Peuple, étoient dédaignées par tous les gens de bon goût, & reffembloient à tant de Pièces que j'ai vu en France attirer la foule & révolter les Lecteurs, & dont on a pû dire, tout Paris les court. Mr. de Muralt auroit du, ce femble, nous parler d'un Auteur excellent qui vivoit alors, c'étoit Mr. Wicherley, qui fut long-tems l'Amant déclaré de la Maîtreffe la plus illuftre de Charles II. Cet homme qui paffoit fa vie dans le plus grand monde, en connoiffoit parfaitement les vices & les ridicules, & les peignoit du pinceau le plus ferme, & des couleurs les plus vraies. Il a fait un Mifantrope qu'il a imité de Moliére. Tous les traits de Wicherley font plus forts & plus hardis

hardis que ceux de notre Misantrope ; mais aussi ils ont moins de finesse & de bienséance. L'Auteur Anglois a corrigé le seul défaut qui soit dans la Pièce de Moliére ; ce défaut est le manque d'intrigue & d'intérêt. La Piéce Angloise est interressante, & l'intrigue en est ingénieuse : elle est trop hardie, sans doute, pour nos mœurs ; c'est un Capitaine de Vaisseau, plein de valeur, de franchise & de mépris pour le Genre-Humain. Il a un ami sage & sincère dont il se défie, & une Maîtresse dont il est tendrement aimé, sur laquelle il ne daigne pas jetter les yeux ; au contraire, il a mis toute sa confiance dans un faux ami, qui est le plus indigne homme qui respire, & il a donné son cœur à la plus coquette & à la plus perfide de toutes les femmes. Il est bien assûré que cette femme est une Pénelope, & ce faux ami un Caton. Il part pour s'aller battre contre les Hollandois, & laisse tout son argent, ses pierreries, & tout ce qu'il a au monde à cette femme de bien, & recommande cette femme elle-même à cet ami fidèle sur lequel il compte si fort. Cependant le véritable honnête-homme, dont il se défie tant, s'embarque avec lui, & la Maîtresse qu'il n'a pas seulement daigné regarder, se déguise en Page, & fait le voyage, sans que le Capitaine s'aperçoive de son sexe, de toute la Campagne.

Le Capitaine ayant fait sauter son Vaisseau dans un combat, revient à Londres, sans secours,

cours, sans Vaisseau & sans argent, avec son Page & son ami, ne connoissant ni l'amitié de l'un ni l'amour de l'autre. Il va droit chez la perle des femmes, qu'il compte retrouver avec sa Cassette & sa fidélité. Il la retrouve, mariée avec l'honnête fripon à qui il s'étoit confié, & on ne lui a pas plus gardé son dépôt que le reste. Mon homme a toutes les peines du monde à croire qu'une femme de bien puisse faire de pareils tours; mais pour l'en convaincre mieux, cette honnête Dame devient amoureuse du petit Page, & veut le prendre à force; mais comme il faut que justice se fasse, & que dans une Piéce de Théâtre, le vice soit puni, & la vertu récompensée, il se trouve à la fin du compte que le Capitaine se met à la place du Page, couche avec son Infidèle, fait cocu son traître ami, lui donne un bon coup d'épée au travers du corps, reprend sa Cassette, & épouse son Page. Vous remarquerez qu'on a encore lardé cette Piéce d'une Comtesse de Pimbesche, vieille plaideuse, parente du Capitaine, laquelle est bien la plus plaisante créature & le meilleur caractère qui soit au Théâtre.

Wincherley a encore tiré de Moliére une Pièce non moins singuliére, & non moins hardie, c'est une espèce d'Ecole des femmes.

Le principal personnage de la Pièce est un drôle à bonnes fortunes, la terreur des maris de Londres, qui pour être plus sûr de son fait, s'avise de faire courir le bruit, que dans sa dernière maladie les Chirurgiens ont trouvé à propos de le faire Eunuque. Avec cette belle réputation tous les maris lui amènent leurs femmes, & le pauvre n'est plus embarrassé que du choix. Il donne sur-tout la préférence à une petite campagnarde qui a beaucoup d'innocence & de tempérament, & qui fait son mari cocu avec une bonne-foi qui vaut mieux que la malice des Dames les plus expertes. Cette Pièce n'est pas, si vous voulez, l'Ecole des bonnes mœurs, mais en vérité c'est l'Ecole de l'esprit & du bon comique.

Un Chevalier Vanbrugh a fait des Comédies encore plus plaisantes, mais moins ingénieuses. Ce Chevalier étoit un homme de plaisir, & par-dessus cela Poëte & Architecte. On prétend qu'il écrivoit avec autant de délicatesse & d'élégance qu'il bâtissoit grossiérement. C'est lui qui a bâti le fameux château de Blenheim, pesant & durable monument de notre malheureuse bataille d'Hochstet. Si les apartemens étoient seulement aussi larges que les murailles sont épaisses, ce Château seroit assez commode.

On a mis dans l'Epitaphe de Vanbrugh, qu'on souhaitoit que la Terre ne lui fût point legére, attendu que de son vivant il l'avoit si inhumainement chargée.

Ce Chevalier ayant fait un tour en France
avant

avant la belle Guerre de 1701, fut mis à la Baſtille, & y reſta quelque-tems ſans avoir jamais pu ſavoir ce qui lui avoit attiré cette diſtinction de la part de notre Miniſtère. Il fit une Comédie à la Baſtille, & ce qui eſt à mon ſens fort étrange, c'eſt qu'il n'y a dans cette Pièce aucun trait contre le Païs dans lequel il eſſuya cette violence.

Celui de tous les Anglais qui a porté le plus loin la gloire du Théâtre comique, eſt feu Mr. Congréve. Il n'a fait que peu de Pièces, mais toutes ſont excellentes dans leur genre. Les régles du Théâtre y ſont rigoureuſement obſervées. Elles ſont pleines de caractéres nuancés avec une extrême fineſſe : on n'y eſſuye pas la moindre mauvaiſe plaiſanterie ; vous y voyez par-tout le langage des honnêtes gens avec des actions de fripon, ce qui prouve qu'il connoiſſoit bien ſon monde, & qu'il vivoit dans ce qu'on appelle la bonne compagnie.

Ses Pièces ſont les plus ſpirituelles & les plus exactes, celles de Vanbrugh les plus gaies, & celles de Wicherley les plus fortes. Il eſt à remarquer qu'aucun de ces Beaux Eſprits n'a mal parlé de Moliére ; il n'y a que les mauvais Auteurs Anglais qui ayent dit du mal de ce grand Homme. Ce ſont les mauvais Muſiciens d'Italie qui mépriſent Lully ; mais un Buononcini l'eſtime & lui rend juſtice.

L'Angleterre a encore de bons Poëtes Comiques,

miques, tels que le Chevalier Steele, & Mr. Cibber excellent Comédien, & d'ailleurs Poëte du Roi ; titre qui paroît ridicule, mais qui ne laiſſe pas de donner mille écus de rente & de beaux Priviléges. Notre grand Corneille n'en a pas eu tant.

Au reſte, ne me demandez pas que j'entre ici dans le moindre détail de ces Pièces Angloiſes dont je ſuis ſi grand Partiſan, ni que je vous rapporte un bon mot ou une plaiſanterie des Wicherleys & des Congréves : on ne rit point dans une traduction. Si vous voulez connoître la Comédie Angloiſe, il n'y a d'autre moyen pour cela que d'aller à Londres, d'y reſter trois ans, d'apprendre bien l'Anglais, & de voir la Comédie tous les jours. Je n'ai pas grand plaiſir en liſant Plaute & Ariſtophane, pourquoi ? C'eſt que je ne ſuis ni Grec, ni Romain. La fineſſe des bons mots, l'alluſion, l'à-propos, tout cela eſt perdu pour un étranger.

Il n'en eſt pas de même dans la Tragédie. Il n'eſt queſtion chez elle que de grandes paſſions, & de ſottiſes héroïques conſacrées par de vieilles erreurs de Fables ou d'Hiſtoire. Oedipe, Electre, appartiennent aux Eſpagnols, aux Anglais, & à nous comme aux Grecs. Mais la bonne Comédie eſt la peinture parlante des ridicules d'une Nation, & ſi vous ne connoiſſez pas la Nation à fond, vous ne pouvez guère juger de la peinture.

SUR

SUR LES SEIGNEURS QUI CULTIVENT LES LETTRES.

CHAPITRE XXIII.

IL a été un tems en France où les Beaux-Arts étoient cultivez par les premiers de l'Etat. Les Courtisans sur-tout s'en mêloient, malgré la dissipation, le goût des riens, la passion pour l'intrigue, toutes Divinitez du Païs. Il me paroît qu'on est actuellement à la Cour dans tout un autre goût que celui des Lettres ; peut-être dans peu de tems la mode de penser reviendra-t-elle. Un Roi n'a qu'à vouloir, on fait de cette Nation-ci tout ce qu'on veut. En Angleterre communément on pense, & les Lettres y sont plus en honneur qu'ici. Cet avantage est une suite nécessaire de la forme de leur Gouvernement. Il y a à Londres environ huit cens personnes qui ont le droit de parler en Public, & de soutenir les intérêts de la Nation. Environ cinq ou six mille prétendent au même bonheur à leur tour. Tout le reste s'érige en Juge de tous ceux-ci, & chacun peut faire imprimer ce qu'il pense sur les affaires publiques ; ainsi toute la Nation est dans la nécessité de s'instruire. On n'entend parler que des Gouvernemens d'Athènes & de Rome. Il faut bien, malgré qu'on en ait, lire les Auteurs qui en ont traité. Cette étude conduit naturellement aux Belles-Lettres. En général les hommes ont l'esprit de leur état. Pourquoi d'ordinaire nos Magistrats, nos Avocats, nos Médecins, & beaucoup d'Ecclésiastiques, ont-ils plus de Lettres, de goût & d'esprit que l'on n'en trouve dans toutes les autres professions ? C'est que réellement leur état est d'avoir l'esprit cultivé, comme celui d'un Marchand est de connoître son négoce. Il n'y a pas long-tems qu'un Seigneur Anglais fort jeune me vint voir à Paris, en revenant d'Italie. Il avoit fait en Vers une description de ce Païs-là, aussi poliment écrite que tout ce qu'ont fait le Comte de Rochester & nos Chaulieux, nos Sarasins & nos Chapelles. La Traduction que j'en ai faite est si loin d'atteindre à la force & à la bonne plaisanterie de l'Original, que je suis obligé d'en demander sérieusement pardon à l'Auteur, & à ceux qui entendent l'Anglais. Cependant

comme

comme je n'ai pas d'autre moyen de faire connoître les Vers de Mylord Harvey, les voici dans ma Langue.

Qu'ai-je donc vû dans l'Italie ?
Orgueil, Astuce, & Pauvreté,
Grands Complimens, peu de Bonté,
Et beaucoup de Cérémonie.

L'extravagante Comédie,
Que souvent l'Inquisition (*)
Veut qu'on nous nomme Religion ;
Mais qu'ici nous nommons folie.

La Nature en vain bienfaisante
Veut enrichir ces Lieux charmans,
Des Prêtres la main desolante
Etouffe ses plus beaux presens.

Les Monsignors, soi-disans Grands,
Seuls dans leurs Palais magnifiques
Y sont d'illustres fainéans,
Sans argent & sans domestiques.

Pour les Petits, sans liberté,
Martyrs du joug qui les domine,

Ils

―――
(*) Il entend sans doute les Farces que certains Prédicateurs jouent dans les Places publiques.

Ils ont fait vœu de pauvreté,
Priant Dieu par oisiveté,
Et toujours jeunant par famine.

Ces beaux lieux du Pape benis
Semblent habités par les Diables;
Et les habitans misérables
Sont damnés dans le Paradis.

SUR LE COMTE DE ROCHESTER ET Mʀ. WALLER.

CHAPITRE XXIV.

Tout le monde connoît la réputation du Comte de Rochester. Mr. de Saint Evremond en a beaucoup parlé ; mais il ne nous a fait connoître du fameux Rochester, que l'homme de plaisir, l'homme à bonnes fortunes. Je voudrois faire connoître en lui l'homme de génie, & le grand Poëte. Entre autres Ouvrages qui brilloient de cette imagination ardente qui n'appartenoit qu'à lui, il a fait quelques Satires sur les mêmes sujets que notre célèbre Despréaux avoit choisis. Je ne sai rien de plus utile pour se perfectionner le goût, que la comparaison des grands Génies qui se sont exercés sur les mêmes matiéres. Voici comme Mr. Despréaux parle contre la raison humaine dans sa Satire sur l'Homme.

Ce-

Cependant à le voir plein de vapeurs legéres,
Soi-même se bercer de ses propres chiméres,
Lui seul de la Nature est la base & l'apui,
Et le dixième Ciel ne tourne que pour lui.
De tous les Animaux il est ici le Maître ;
Qui pourroit le nier, poursuis-tu ? Moi peut-être.
Ce Maître prétendu qui leur donne des loix,
Ce Roi des Animaux, combien a-t-il de Rois !

Voici à peu près comme s'exprime le Comte de Rochester dans sa Satire sur l'Homme. Mais il faut que le Lecteur se ressouvienne toujours que ce sont ici des traductions libres des Poëtes Anglais, & que la gêne de notre versification, & les bienséances délicates de notre Langue, ne peuvent donner l'équivalent de la licence impétueuse du stile Anglais.

Cet esprit que je hais, cet esprit plein d'erreur,
Ce n'est pas ma Raison, c'est la tienne, Docteur ;
C'est la Raison frivole, inquiéte, orgueilleuse,
Des sages Animaux rivale dédaigneuse,
Qui croit entr'eux & l'Ange occuper le milieu,
Et pense être ici-bas l'image de son Dieu.
Vil atôme imparfait, qui croit, doute, dispute,
Rampe, s'éléve, tombe, & nie encore sa chûte.
Qui nous dit je suis libre, en nous montrant ses fers,
Et dont l'œil trouble & faux croit percer l'Univers.
Allez, révérends Fous, bienheureux Fanatiques,
Compilez bien l'Amas de vos Riens Scholastiques,

Peres de Visions, & d'Enigmes sacrez,
Auteurs du Labyrinthe, où vous vous égarez;
Allez obscurément éclaircir vos mystères,
Et courez dans l'Ecole adorer vos chimères.
Il est d'autres erreurs, il est de ces Dévots
Condamnez par eux-mêmes à l'ennui du repos.
Ce mystique encloîtré, fier de son indolence,
Tranquile au sein de Dieu ; qu'y peut-il faire ?
 Il pense.
Non, tu ne penses point, misérable, tu dorts :
Inutile à la Terre, & mis au rang des morts,
Ton esprit énervé croupit dans la molesse.
Réveille-toi, sois homme, & sors de ton yvresse.
L'homme est né pour agir, & tu prétens penser ?

 Que ces idées soient vraies ou fausses, il est toujours certain qu'elles sont exprimées avec une énergie qui fait le Poëte. Je me garderai bien d'examiner la chose en Philosophe, & de quitter ici le pinceau pour le compas : mon unique but dans cette Lettre est de faire connoître le génie des Poëtes Anglais, & je vais continuer sur ce ton.

 On a beaucoup entendu parler du célèbre Waller en France. La Fontaine, St. Evremond & Bayle ont fait son éloge ; mais on ne connoît de lui que son nom. Il eut à peu près à Londres la même réputation que Voiture eut à Paris, & je crois qu'il la méritoit mieux.

Voiture

Voiture vint dans un tems où l'on fortoit de la barbarie, & où l'on étoit encore dans l'ignorance. On vouloit avoir de l'efprit, & on n'en avoit point encore. On cherchoit des tours au lieu de penfées. Les faux-brillans fe trouvent plus aifément que les pierres précieufes. Voiture, né avec un génie frivole & facile, fut le premier qui brilla dans cette aurore de la Littérature Françaife. S'il étoit venu après les grands Hommes qui ont illuftré le Siècle de Louïs XIV. ou il auroit été inconnu, ou l'on n'auroit parlé de lui que pour le méprifer, ou il auroit corrigé fon ftile. Mr. Defpréaux le loue ; mais c'eft dans fes premières Satires, c'eft dans le tems que le goût de Defpréaux n'étoit pas encore formé : il étoit jeune, & dans l'âge où l'on juge des hommes, par la réputation & non pas par eux-mêmes. D'ailleurs, Defpréaux étoit fouvent bien injufte dans fes louanges & dans fes cenfures. Il louoit Ségrais, que perfonne ne lit ; il infultoit Quinault, que tout le monde fait par cœur ; & il ne dit rien de la Fontaine. Waller, meilleur que Voiture, n'étoit pas encore parfait. Ses Ouvrages galans refpirent la grace, mais la négligence les fait languir, & fouvent les penfées fauffes les défigurent. Les Anglais n'étoient pas encore parvenus de fon tems à écrire avec correction. Ses Ouvrages férieux font pleins d'une vigueur qu'on n'atten=

n'attendroit pas de la molesse de ses autres Piéces. Il a fait un éloge funèbre de Cromwel, qui avec ses défauts passe pour un Chef-d'œuvre. Pour entendre cet Ouvrage, il faut savoir que Cromwel mourut le jour d'une tempête extraordinaire. La Piéce commence ainsi:

Il n'est plus, c'en est fait, soumettons-nous au sort,
Le Ciel a signalé ce jour par des tempêtes,
Et la voix du tonnerre éclatant sur nos têtes
    Vient d'annoncer sa mort.

Par ses derniers soupirs il ébranle cette Isle,
Cette Isle que son bras fit trembler tant de fois,
    Quand dans le cours de ses Exploits,
    Il brisoit la tête des Rois.
Et soumettoit un Peuple, à son joug seul docile.

Mer, tu t'en ès troublée; ô Mer, tes flots émus
Semblent dire en grondant aux plus lointains rivages
Que l'effroi de la Terre & ton Maître n'est plus.
Tel au Ciel autrefois s'envola Romulus,
Tel il quitta la Terre au milieu des orages,
Tel d'un Peuple guerrier il reçut les homages;
Obéi dans sa vie, à sa mort adoré,
Son Palais fut un Temple, &c.

C'est à propos de cet éloge de Cromwel que Waller fit au Roi Charles II. cette réponse qu'on trouve dans le Dictionnaire de Bayle. Le Roi à qui Waller venoit, selon l'usage des Rois & des Poëtes, de presenter une Piéce farcie de louanges, lui reprocha qu'il avoit fait mieux que Cromwel. Waller répondit, *Sire, nous autres Poëtes nous réussissons mieux dans les fictions que dans les vérités*. Cette réponse n'étoit pas si sincére que celle de l'Ambassadeur Hollandois, qui lorsque le même Roi se plaignoit que l'on avoit moins d'égards pour lui que pour Cromwel, répondit, *Ah! Sire, ce Cromwel étoit tout autre chose*. Mon but n'est pas de faire un Commentaire sur le caractère de Waller, ni de personne. Je ne considére les gens après leur mort que par leurs Ouvrages; tout le reste est pour moi anéanti. Je remarque seulement que Waller, né à la Cour avec soixante mille Livres de rente, n'eût jamais ni le sot orgueil, ni la nonchalance d'abandonner son talent. Les Comtes de Dorset & de Roscommon, les deux Ducs de Buckingham, Milord Halifax, & tant d'autres, n'ont pas crû déroger en devenant de très-grands Poëtes & d'illustres Ecrivains. Leurs Ouvrages leur font plus d'honneur que leurs noms. Ils ont cultivé les Lettres, comme s'ils en eussent attendu leurs fortunes. Ils ont de plus rendu les Arts respectables aux yeux du Peuple, qui en tout a besoin d'être mené par les Grands, & qui pourtant se régle moins sur eux en Angleterre qu'en aucun lieu du Monde.

SUR

SUR Mʀ. POPE, ET QUELQUES AUTRES POËTES FAMEUX.

CHAPITRE XXV.

Je voulois vous parler de Mr. Prior, un des plus aimables Poëtes d'Angleterre, que vous avez vû ici Plénipotentiaire & Envoyé Extraordinaire en 1712. Je comptois vous donner aussi quelques idées des Poësies de Mylord Roscommon, de Mylord Dorset; mais je sens qu'il me faudroit faire un gros Livre, & qu'après bien de la peine, je ne vous donnerois qu'une idée fort imparfaite de tous ces Ouvrages. La Poësie est une espèce de Musique, il faut l'entendre pour en juger. Quand je vous traduits quelques morceaux de ces Poësies étrangéres, je vous notte imparfaitement leur Musique; mais je ne puis exprimer le goût de leur chant.

Il y a sur-tout un Poëme Anglais que je deseſpérerois de vous faire connoître, il s'appelle *Hudibras*. Le ſujet eſt la Guerre Civile, & la Secte des Puritains tournée en ridicule. C'eſt Don Quichotte, c'eſt notre Satire Ménippée fondus enſemble. C'eſt de tous les Livres que j'ai jamais lûs, celui où j'ai trouvé le plus d'eſprit, mais c'eſt auſſi le plus intraduiſible. Qui croiroit qu'un Livre qui ſaiſit tous les ridicules du Genre-humain, & qui a plus de penſées que de mots, ne pût ſouffrir la traduction? C'eſt que preſque tout y fait alluſion à des avantures particuliéres. Le plus grand ridicule tombe ſur-tout ſur les Théologiens que peu de gens du monde entendent. Il faudroit à tout moment un Commentaire, & la plaiſanterie expliquée ceſſe d'être plaiſanterie. Tout Commentateur de bons mots eſt un ſot. Voilà pourquoi on n'entendra jamais bien en France les Livres de l'ingénieux Docteur Swift, qu'on appelle le Rabelais d'Angleterre. Il a eu l'honneur d'être Prêtre comme Rabelais, & de ſe moquer de tout comme lui. Mais on lui fait grand tort, ſelon mon petit ſens, de l'appeller de ce nom. Rabelais dans ſon extravagant & intelligible Livre, a répandu une extrême gaïeté & une plus grande impertinence. Il a prodigué l'éruditon, les ordures, & l'ennui. Un bon Conte de deux pages eſt acheté par des Volumes de ſottiſes. Il n'y n'y a que quelques personnes d'un goût bizarre qui se piquent d'entendre & d'estimer tout cet Ouvrage. Le reste de la Nation rit des plaisanteries de Rabelais & méprise le Livre; on le regarde comme le premier des Boufons. On est fâché qu'un homme qui avoit tant d'esprit en ait fait si misérable usage. C'est un Philosophe yvre, qui n'a écrit que dans le tems de son yvresse.

Mr. Swift est Rabelais dans son bon sens, & vivant en bonne compagnie. Il n'a pas à la vérité la gaieté du premier; mais il a toute la finesse, la raison, le choix, le bon goût qui manque à notre Curé de Meudon. Ses vers sont d'un goût singulier & presque inimitable. La bonne plaisanterie est son partage en vers & en prose; mais pour le bien entendre, il faut faire un petit voyage dans son pays.

Vous pouvez plus aisément vous former quelque idée de Mr. Pope. C'est, je crois, le Poëte le plus élégant, le plus correct, & ce qui est encore beaucoup, le plus harmonieux qu'ait eu l'Angleterre. Il a réduit les sifflemens aigres de la Trompette Angloise aux sons doux de la Flûte. On peut le traduire, parce qu'il est extrêmement clair, & que ses sujets pour la plûpart sont généraux & du ressort de toutes les Nations.

On connoîtra bien-tôt en France son Essai sur la Critique, par la Traduction en vers qu'en qu'en fait Monsieur l'Abbé du Renel.

Voici un morceau de son Poëme de la Boucle de Cheveux que je viens de traduire avec ma liberté ordinaire : car encore une fois, je ne sai rien de pis que de traduire un Poëme mot pour mot.

Umbriel à l'instant, vieil Gnome rechigné,
Va d'une aîle pesante & d'un air renfrogné
Chercher en murmurant la Caverne profonde,
Où loin des doux raïons que répand l'œil du
    Monde,
La Déesse aux vapeurs a choisi son séjour :
Les tristes Aquilons y sifflent à l'entour,
Et le soufle mal sain de leur aride haleine
Y porte aux environs la fiévre & la migraine.
Sur un riche Sofa, derrière un Paravent,
Loin des flambeaux, du bruit, des parleurs & du vent,
La quinteuse Déesse incessamment repose,
Le cœur gros de chagrin, sans en savoir la cause ;
N'ayant pensé jamais, l'esprit toujours troublé,
L'œil chargé, le teint pâle, & l'hypocondre enflé.
La médisante Envie est assise auprès d'elle,
Vieil Spectre féminin, décrépite pucelle,
Avec un air dévot déchirant son prochain,
Et chansonnant les gens, l'Evangile à la main.
Sur un lit plein de fleurs négligemment panchée,
Une jeune Beauté non loin d'elle est couchée ;

C'est l'Affectation qui graſſaïe en parlant,
Ecoute ſans entendre, & lorgne en regardant.
Qui rougit ſans pudeur, & rit de tout ſans joye,
De cent maux différens prétend qu'elle eſt la proye,
Et pleine de ſanté, ſous le rouge & le fard,
Se plaint avec moleſſe, & ſe pâme avec art.

Si vous liſiez ce morceau dans l'Original, au lieu de le lire dans cette foible traduction, vous le compareriez à la deſcription de la Mo-leſſe dans le Lutrin. En voilà bien honnête-ment pour les Poëtes Anglais. Je vous ai tou-ché un petit mot de leurs Philoſophes. Pour de bons Hiſtoriens, je ne leur en connois pas encore. Il a fallu qu'un Français ait écrit leur Hiſtoire. Peut-être le génie Anglais, qui eſt ou froid ou impétueux, n'a pas encore ſaiſi cette éloquence naïve, & cet air noble & ſimple de l'Hiſtoire. Peut-être auſſi l'Eſprit de parti qui fait voir trouble a décrédité tous leurs Hiſtoriens. La moitié de la Nation eſt toujours l'ennemie de l'autre. J'ai trouvé des gens qui m'ont aſſuré que Mylord Marlbo-rough étoit un poltron, & que Mr. Pope étoit un ſot; comme en France quelques Jéſuites trouvent Paſcal un petit eſprit, & quelques Janſéniſtes diſent que le Pére Bourdaloue n'é-qu'un bavard.

Marie Stuard eſt une ſainte Héroïne pour les Jacobites; pour les autres c'eſt une débau-chée,

chée, adultére, homicide. Ainsi en Angleterre on a des Factums & point d'Histoire. Il est vrai qu'il y a à present un Mr. Gordon, excellent Traducteur de Tacite, très-capable d'écrire l'Histoire de son Pays. Mais Mr. Rapin de Thoyras l'a prévenu. Enfin il me paroît que les Anglais n'ont point de si bons Historiens que nous : qu'ils n'ont point de véritables Tragédies ; qu'ils ont des Comédies charmantes, & des morceaux de Poësies admirables, & des Philosophes qui dévroient être les Précepteurs du Genre-humain.

Les Anglais ont beaucoup profité des Ouvrages de notre Langue. Nous dévrions à notre tour emprunter d'eux après leur avoir prêté. Nous ne sommes venus, les Anglais & nous, qu'après les Italiens, qui en tout ont été nos Maîtres, & que nous avons surpassez en quelques choses. Je ne sai à laquelle des trois Nations il faudra donner la préférence ; mais heureux celui qui sait sentir leurs différens mérites, & qui n'a point la sottise de n'aimer que ce qui vient de son Pays.

SUR LA SOCIÉTÉ ROYALE ET SUR LES ACADÉMIES.

CHAPITRE XXVI.

Les Anglais ont eu quelque-tems avant nous une Académie des Sciences, mais elle n'est pas si bien réglée que la nôtre, & cela par la seule raison peut-être qu'elle est ancienne; car si elle avoit été formée après l'Académie de Paris, elle en auroit adopté quelques sages loix, & eût perfectionné les autres.

La Société Royale de Londres manque de deux choses les plus nécessaires aux hommes, des récompenses & des règles. C'est une petite fortune sûre à Paris pour un Géometre, pour un Chimiste, qu'une place à l'Académie.

Au contraire, il en coute à Londres pour être de la Société Royale. Quiconque dit en Angleterre, j'aime les Arts, & veux être de la Société, en est dans l'instant. Mais en France, pour être Membre & Pensionnaire de l'Académie, ce n'est pas assez d'être amateur, il faut être savant, & disputer la place contre des concurrens, d'autant plus redoutables, qu'ils sont animés par la gloire, par l'intérêt, par la difficulté même, & par cette infléxibilité d'esprit que donne d'ordinaire l'étude opiniâtre des Sciences de calcul.

L'Académie des Sciences est sagement bornée à l'étude de la Nature, & en vérité c'est un champ assez vaste pour occuper cinquante ou soixante personnes. Celle de Londres a mêlé long-tems indifféremment la Littérature à la Physique. Il me semble qu'il est mieux d'avoir une Académie particuliére pour les Belles Lettres, afin que rien ne soit confondu, & qu'on ne voye point une Dissertation sur les coëffures des Romains à côté d'une centaine de courbes nouvelles.

Puisque la Société de Londres a peu d'ordre & nul encouragement, & que celle de Paris est sur un pied tout opposé, il n'est pas étonnant que les Mémoires de notre Académie soient supérieurs aux leurs. Des Soldats bien disciplinés & bien payés, doivent à la longue l'emporter sur des Volontaires. Il est vrai

vrai que la Société Royale a eu un Newton, mais elle ne l'a pas produit. Il y avoit même peu de ses confréres qui l'entendissent. Un génie comme Mr. Newton appartenoit à toutes les Académies de l'Europe, parce que toutes avoient beaucoup à apprendre de lui.

Le fameux Docteur Swift forma le dessein, dans les derniéres années du régne de la Reine Anne, d'établir une Académie pour la Langue, à l'exemple de l'Académie Françaife. Ce projet étoit appuyé par le Comte d'Oxford, Grand Tresorier, & encore plus par le Vicomte Bolingbroke Secrétaire d'Etat, qui avoit le don de parler sur le champ dans le Parlement, avec autant de pureté, que Swift écrivoit dans son Cabinet, & qui auroit été le protecteur & l'ornement de cette Académie. Les Membres qui la devoient composer étoient des hommes, dont les Ouvrages dureront autant que la Langue Anglaise. C'étoient ce Docteur Swift, Mr. Prior, que nous avons vu ici Ministre public, & qui en Angleterre a la même réputation que la Fontaine a parmi nous; c'étoient Mr. Pope, le Boileau d'Angleterre; Mr. Congréve, qu'on peut en appeller le Moliére; plusieurs autres, dont les noms m'échappent ici, auroient tous fait fleurir cette Compagnie dans sa naissance. Mais la Reine mourut subitement, les Whigs se mirent dans la tête de faire pendre les Protecteurs de l'Académie; ce qui, comme vous voyez bien, fut mortel aux Belles-Lettres. Les Membres de ce Corps auroient eu un grand avantage sur les premiers qui composèrent l'Académie Françaife. Swift, Prior, Congréve, Dryden, Pope, Addison, &c. avoient fixé la Langue Angloife par leurs Ecrits, au lieu que Chapelain, Colletet, Caſſaïgne, Faret, Cotin, nos premiers Académiciens, étoient l'opprobre de notre Nation, & que leurs noms ſont devenus ſi ridicules, que ſi quelque Auteur paſſable avoit le malheur de s'appeller aujourd'hui Chapelain ou Cotin, il ſeroit obligé de changer de nom.

Il auroit fallu ſur-tout que l'Académie Angloiſe ſe fût propoſé des occupations toutes différentes de la nôtre. Un jour un Bel-Eſprit de ce pays-là me demanda les Mémoires de l'Académie Françaiſe. Elle n'écrit point de Mémoires, lui répondis-je; mais elle a fait imprimer ſoixante ou quatre-vingt Volumes de complimens. Il en parcourut un ou deux. Il ne put jamais entendre ce ſtile, quoiqu'il entendît fort bien tous nos bons Auteurs. Tout ce que j'entrevois, me dit-il, dans ces beaux Diſcours, c'eſt que le Récipiendaire ayant aſſuré que ſon Prédéceſſeur étoit un grand homme, que le Cardinal de Richelieu étoit un très-grand homme, le Chancelier Séguier un aſſez grand homme; le Directeur lui répond la même cho-

chose, & ajoûte que le Récipiendaire pourroit bien aussi être une espèce de grand homme, & que pour lui Directeur il n'en quitte pas sa part.

Il est aisé de voir par quelle fatalité presque tous ces Discours Académiques ont fait si peu d'honneur à ce Corps. *Vitium est temporis potiùs quam hominis.* L'usage s'est insensiblement établi, que tout Académicien répéteroit ces Eloges à sa réception : ç'a été une espèce de loi d'ennuyer le public. Si l'on cherche ensuite pourquoi les plus grands Génies qui sont entrés dans ce Corps ont fait quelquefois les plus mauvaises Harangues, la raison en est encore bien aisée ; c'est qu'ils ont voulu briller, c'est qu'ils ont voulu traiter nouvellement une matiére toute usée. La nécessité de parler, l'embarras de n'avoir rien à dire, & l'envie d'avoir de l'esprit, sont trois choses capables de rendre ridicule même le plus grand homme. Ne pouvant trouver des pensées nouvelles, ils ont cherché des tours nouveaux, & ont parlé sans penser, comme des gens qui marcheroient à vuide, & feroient semblant de manger en périssant d'inanition.

Au lieu que c'est une loi dans l'Académie Françaife, de faire imprimer tous ces Discours par lesquels seuls elle est connue ; ce devroit être une loi de ne les imprimer pas.

L'Académie des Belles Lettres s'est proposé un but plus sage, & plus utile : c'est de présenter au public un Recueil de Mémoires remplis de recherches & de critiques curieuses. Ces Mémoires sont déja estimés chez les Etrangers. On souhaiteroit seulement que quelques matières y fussent plus aprofondies, & qu'on n'en eût point traité d'autres. On se seroit, par exemple, fort bien passé de je ne sai quelle Dissertation sur les prérogatives de la Main droite sur la Main gauche, & de quelques autres recherches, qui, sous un titre moins ridicule, n'en sont guère moins frivoles.

L'Académie des Sciences, dans ses recherches plus difficiles & d'une utilité plus sensible, embrasse la connoissance de la Nature & la perfection des Arts. Il est à croire que des études si profondes & si suivies, des calculs si exacts, des découvertes si fines, des vûes si grandes, produiront enfin quelque chose qui servira au bien de l'Univers.

C'est dans les siècles les plus barbares que se sont faites les plus utiles découvertes. Il semble que le partage des tems les plus éclairés, & des Compagnies les plus savantes, soit de raisonner sur ce que des ignorans ont inventé. On sait aujourd'hui, après les longues disputes de Mr. Huygens & de Mr. Renaud, la détermination de l'angle le plus avantageux d'un gouvernail de vaisseau avec la quille; mais Christophe Colomb avoit découvert l'Amérique sans rien soupçonner de cet angle.

Je

Je suis bien loin d'inférer de-là qu'il faille s'en tenir seulement à une pratique aveugle; mais il seroit heureux que les Physiciens & les Géometres joignissent autant qu'il est possible la pratique à la spéculation.

Faut-il que ce qui fait plus d'honneur à l'Esprit humain, soit souvent ce qui est le moins utile! Un homme avec les quatre règles d'Arithmétique & du bon sens devient un grand Négociant, un Jâques Cœur, un Delmet, un Bernard, tandis qu'un pauvre Algébriste passe sa vie à chercher dans les nombres des rapports & des propriétez étonnantes, mais sans usage, & qui ne lui apprendront pas ce que c'est que le Change. Tous les Arts sont à peu près dans ce cas. Il y a un point, passé lequel les recherches ne sont plus que pour la curiosité. Ces véritez ingénieuses inutiles ressemblent à des Etoiles, qui placées trop loin de nous ne nous donnent point de clarté.

Pour l'Académie Françaife; quel service ne rendroit-elle pas aux Lettres, à la Langue, & à la Nation, si au lieu de faire imprimer tous les ans des complimens, elle faisoit imprimer les bons Ouvrages du siècle de Louis XIV. épurez de toutes les fautes de langage qui s'y sont glissées? Corneille & Moliére en sont pleins. La Fontaine en fourmille. Celles qu'on ne pourroit pas corriger, seroient au moins marquées. L'Europe qui lit ces Auteurs, apprendroit par
eux

eux nôtre Langue avec sureté. Sa pureté seroit à jamais fixée. Les bons Livres Français imprimés avec soin aux dépens du Roi, seroient un des plus glorieux Monumens de la Nation. J'ai oui dire que Mr. Despréaux avoit fait autrefois cette proposition, & qu'elle a été renouvellée par un homme, dont l'esprit, la sagesse, & la saine critique sont connus; mais cette idée a eu le sort de beaucoup d'autres projets utiles, d'être approuvée & d'être négligée.

SUR LES PENSÉES DE Mʀ. PASCAL.

CHAPITRE XXVII.

VOICI des remarques critiques que j'ai faites depuis long-tems sur les Pensées de M. Pascal. Ne me comparez point ici, je vous prie, à Ezéchias qui voulut faire brûler tous les Livres de Salomon. Je respecte le génie & l'éloquence de Pascal; mais plus je les respecte, plus je suis persuadé qu'il auroit lui-même corrigé beaucoup de ces pensées qu'il avoit jettées au hazard sur le papier, pour les examiner ensuite ; & c'est en admirant son génie que je combats quelques-unes de ses idées.

Il me paroît qu'en général l'esprit dans lequel M. Pascal écrivit ses Pensées, étoit de montrer l'homme dans un jour odieux. Il s'acharne à nous peindre tous méchans & malheureux. Il écrit contre la Nature-humaine, à

peu

peu près comme il écrivoit contre les Jésuites. Il impute à l'essence de notre nature ce qui n'apartient qu'à certains hommes: il dit éloquemment des injures au Genre-Humain. J'ose prendre le parti de l'Humanité contre ce Misantrope sublime: J'ose assurer que nous ne sommes ni si méchans, ni si malheureux qu'il le dit: je suis de plus très-persuadé que s'il avoit suivi dans le Livre qu'il méditoit, le dessein qui paroît dans ses pensées, il auroit fait un Livre plein de paralogismes éloquens & de faussetez admirablement déduites. Je crois même que tous ces Livres qu'on a fait depuis peu pour prouver la Religion Chrétienne, sont plus capables de scandaliser que d'édifier. Ces Auteurs prétendent-ils en savoir plus que Jesus-Christ & ses Apôtres ? C'est vouloir soutenir un Chêne en l'entourant de roseaux; on peut écarter ces roseaux inutiles sans craindre de faire tort à l'Arbre. J'ai choisi avec discrétion quelques pensées de Pascal. J'ai mis les réponses au bas. Au reste, on ne peut trop répéter ici combien il seroit absurde & cruel de faire une affaire de parti de cette critique des Pensées de Pascal. Je n'ai de parti que la vérité. Je pense qu'il est très-vrai que ce n'est pas à la Métaphysique de prouver la Religion Chrétienne, & que la Raison est autant au-dessous de la Foi, que le fini est au-dessous de l'infini. Je suis Métaphysicien avec Locke; mais Chrétien avec S. Paul.

I. PEN-

I. PENSE'E DE PASCAL.

Les grandeurs & les miseres de l'Homme sont tellement visibles, qu'il faut nécessairement que la véritable Religion nous enseigne qu'il y a en lui quelque grand principe de grandeur, & en même-tems quelque grand principe de misere. Car il faut que la véritable Religion connoisse à fond notre nature, c'est-à-dire, qu'elle connoisse tout ce qu'elle a de grand & tout ce qu'elle a de misérable, & la raison de l'un & de l'autre : il faut encore qu'elle nous rende raison des étonnantes contriétez qui s'y rencontrent.

I. Cette maniére de raisonner paroît fausse & dangereuse ; car la fable de Prométhée & de Pandore, les Androgines de Platon, les Dogmes des anciens Egyptiens, & ceux de Zoroastre rendroient aussi-bien raison de ces contriétez apparentes. La Religion Chrétienne n'en demeurera pas moins vraye, quand même on n'en tireroit pas ses conclusions ingénieuses qui ne peuvent servir qu'à faire briller l'esprit. Il est nécessaire pour qu'une Religion soit vraye, qu'elle soit révélée, & point du tout qu'elle rende raison de ces contriétez prétendues ; elle n'est pas plus faite pour vous enseigner la Métaphysique que l'Astronomie.

I I.

Qu'on examine sur cela toutes les Religions du monde, & qu'on voye s'il y en a une autre que la Chrétienne ne qui y satisfasse ; sera-ce celle qu'enseignoient les Philosophes, qui nous proposent pour tout bien un bien qui est en nous ? Est-ce-là le vrai bien ?

II. Les Philosophes n'ont point enseigné de Religion : ce n'est pas leur Philosophie qu'il s'agit de combattre. Jamais Philosophe ne s'est dit inspiré de Dieu; car dès-lors il eût cessé d'être Philosophe & il eût fait le Prophête. Il ne s'agit pas de savoir si Jesus-Christ doit l'emporter sur Aristote ; il s'agit de prouver que la Religion de Jesus-Christ est la véritable, & que celle de Mahomet, des Payens, & toutes les autres, sont fausses.

III.

Et cependant sans ce Mystère, le plus incompréhensible de tous, nous sommes incompréhensibles à nous-mêmes. Le nœud de notre condition prend ses retours & ses plis dans l'abîme du Péché originel ; desorte que l'homme est plus inconcevable sans ce Mystère, que ce Mystère n'est inconcevable à l'homme.

III. Est-ce raisonner que de dire ; *L'homme est inconcevable, sans ce Mystère inconcevable ?* Pourquoi vouloir aller plus loin que l'Ecriture ? N'y a-t'il pas de la témérité à croire qu'elle a besoin d'apui, & que ces idées Philosophiques peuvent lui en donner ?

Qu'auroit répondu Mr. Pascal à un homme qui lui auroit dit : Je sai que le Mystère du péché originel est l'objet de ma foi & non de ma raison. Je conçois fort bien sans Mystère ce que c'est que l'Homme ; je vois qu'il vient au monde comme les autres Animaux ; que l'accouchement des meres est plus douloureux à mesure qu'elles sont plus délicates ; que quelquefois des femmes & des animaux femelles meurent dans l'enfantement ; qu'il y a quelquefois des enfans mal organisés qui vivent privés d'un ou deux sens & de la faculté du raisonnement ; que ceux qui sont le mieux organisés sont ceux qui ont les passions les plus vives, que l'amour de soi-même est égal chez tous les hommes, & qu'il leur est aussi nécessaire que les cinq sens ; que cet amour-propre nous est donné de Dieu pour la conservation de notre Etre, & qu'il nous a donné la Religion pour régler cet amour-propre que nos idées sont justes, ou inconséquentes, obscures, ou lumineuses, selon que nos organes sont plus ou moins solides, plus ou moins déliés, & selon que nous sommes plus ou moins passionnés ; que nous dépendons en tout de l'air qui nous environne, des alimens que nous prenons, & que dans tout cela il n'y a rien de contradictoire.

L'homme n'est point une énigme, comme vous vous le figurez pour avoir le plaisir de la deviner. L'homme paroît être à sa place dans la Nature, supérieur aux animaux auxquels il est semblable par les organes, inférieur à d'autres Etres auxquels il ressemble probablement par la pensée. Il est comme tout ce que nous
voyons

voyons mêlé de mal & de bien, de plaisir & de peine. Il est pourvû de passions pour agir, & de raison pour gouverner ses actions. Si l'Homme étoit parfait, il seroit Dieu, & ces prétendues contrariétés que vous appellez contradictions, sont les ingrédiens nécessaires qui entrent dans le composé de l'Homme, qui est comme le reste de la Nature ce qu'il doit être. Voilà ce que la raison peut dire; ce n'est donc point la raison qui apprend aux hommes la chûte de la Nature-humaine; c'est la Foi seule à laquelle il faut avoir recours.

IV.

Suivons nos mouvemens, observons-nous nous-mêmes, & voyons si nous n'y trouverons pas les caractéres vivans de ces deux natures.

Tant de contradictions se trouveroient-elles dans un sujet simple?

Cette duplicité de l'Homme est si visible, qu'il y en a qui ont pensé que nous avions deux ames, un sujet simple leur paroissant incapable de telles & si soudaines variétés, d'une présomption démesurée à un horrible abatement de cœur.

IV. Nos diverses volontés ne sont point des contradictions dans la Nature, & l'Homme n'est point un sujet simple. Il est composé d'un nombre innombrable d'organes. Si un seul de ses organes est un peu altéré, il est nécessaire qu'il change toutes les impressions du cerveau, & que l'animal ait de nouvelles pensées.

&

& de nouvelles volontés. Il est très-vrai que nous sommes tantôt abbattus de tristesse, tantôt enflez de présomption, & cela doit être quand nous nous trouvons dans des situations opposées. Un Animal que son Maître caresse & nourrit, & un autre qu'on égorge lentement & avec adresse pour en faire une dissection, éprouvent des sentimens bien contraires; aussi faisons-nous, & les différences qui sont en nous sont si peu contradictoires, qu'il seroit contradictoire qu'elles n'existassent pas. Les fous qui ont dit que nous avions deux ames, pouvoient par la même raison nous en donner trente ou quarante; car un homme dans une grande passion a souvent trente ou quarante idées différentes de la même chose, & doit nécessairement les avoir, selon que cet objet lui paroît sous différentes faces.

Cette prétendue duplicité de l'Homme est une idée aussi absurde que métaphysique; j'aimerois autant dire que le Chien qui mord & qui caresse, est double; que la Poule qui a tant de soin de ses petits, & qui ensuite les abandonne jusqu'à les méconnoître, est double; que la glace qui represente des objets différens est double; que l'Arbre, qui est tantôt chargé, tantôt dépouillé de feuilles, est double. J'avoue que l'Homme est inconcevable en un sens, mais tout le reste de la Nature l'est aussi; & il n'y a pas plus de contradictions apparentes

tes dans l'Homme que dans tout le reste.

V.

Ne point parier que Dieu est, c'est parier qu'il n'est pas. Lequel prendrez-vous donc ? Pesons le gain & la perte en prenant le parti de croire que Dieu est. Si vous gagnez, vous gagnez tout, si vous perdez, vous ne perdez rien ; pariez donc qu'il est sans hésiter. Oui, il faut gager ; mais je gage peut-être trop. Voyons, puisqu'il a pareil hazard de gain & de perte, quand vous n'auriez que deux vies à gager pour une, vous pourriez encore gager.

V. Il est évidemment faux de dire. Ne point parier que Dieu est, c'est parier qu'il n'est pas. Car celui qui doute & demande à s'éclaircir, ne parie assûrément ni pour ni contre.

D'ailleurs, cet Article paroît un peu indécent & puérile : cette idée de jeu, de perte & de gain, ne convient point à la gravité du sujet.

De plus, l'intérêt que j'ai à croire une chose, n'est pas une preuve de l'existence de cette chose. Je vous donnerai, me dites-vous, l'Empire du Monde, si je crois que vous ayez raison. Je souhaite alors de tout mon cœur que vous ayez raison ; mais jusqu'à ce que vous me l'ayez prouvé, je ne puis vous croire. Commencez, pourroit-on dire à M. Pascal, par convaincre ma raison : j'ai intérêt sans doute qu'il y ait un Dieu ; mais si dans votre Système Dieu n'est venu que pour si peu de personnes, si le petit nombre des Elûs est si effrayant, si je ne puis
rien

rien du tout par moi-même, dites-moi, je vous prie, quel intérêt j'ai à vous croire ? N'ai-je pas un intérêt visible à être persuadé du contraire ? De quel front osez-vous me montrer un bonheur infini, auquel d'un million d'hommes, un seul à peine a droit d'aspirer ? Si vous voulez me convaincre, prenez-vous-y d'une autre façon, & n'allez pas tantôt me parler de jeu de hazard, de pari, de croix & de pile, & tantôt m'effrayer par les épines que vous semez sur le chemin que je veux & que je dois suivre. Votre raisonnement ne serviroit qu'à faire des Athées, si la voix de toute la nature ne nous crioit qu'il y a un Dieu, avec autant de force que ces subtilités ont de foiblesses.

VI.

En voyant l'aveuglement & les miseres de l'homme, & ces contrariétés étonnantes qui se découvrent dans sa nature, & regardant tout l'Univers muet, & l'homme sans lumiere, abandonné à lui-même, & comme égaré dans ce recoin de l'Univers, sans savoir qui l'y a mis, ce qu'il y est venu faire, ce qu'il deviendra en mourant, j'entre en effroi, comme un homme qu'on auroit porté endormi dans une Isle deserte & effroyable, & qui s'éveilleroit sans connoître où il est, & sans avoir aucun moyen d'en sortir; & sur cela j'admire comment on n'entre pas en desespoir d'un si misérable état.

VI. En lisant cette réflexion, je reçois une Lettre d'un de mes amis qui demeure dans un Païs fort éloigné (*). Voici ses paroles :

» Je suis ici comme vous m'y avez laissé, ni
» plus gai, ni plus triste, ni plus riche, ni plus
» pauvre, jouïssant d'une santé parfaite, ayant
» tout ce qui rend la vie agréable ; sans amour,
» sans avarice, sans ambition & sans envie, &
» tant que tout cela durera, je m'appellerai
» hardiment un homme très-heureux.

Il y a beaucoup d'hommes aussi heureux que lui : Il en est des hommes comme des animaux ; tel Chien couche & mange avec sa Maîtresse, tel autre tourne la broche, & est tout aussi content, tel autre devient enragé, & on le tue. Pour moi quand je regarde Paris ou Londres, je ne vois aucune raison pour entrer dans ce desespoir dont parle M. Pascal ; je vois une Ville qui ne ressemble en rien à une Isle deserte ; mais peuplée, opulente, policée, & où les hommes sont heureux, autant que la Nature-humaine le comporte. Quel est l'homme sage qui sera plein de desespoir, parce qu'il ne sait pas la nature de sa pensée, parce qu'il ne connoît que quelques attributs de la Matiére, parce que Dieu ne lui a pas révélé ses secrets ? Il faudroit autant se desespérer de n'avoir pas quatre pieds & deux aîles.

Pourquoi nous faire horreur de notre être ? Notre existence n'est point si malheureuse qu'on

---

(*) Il a depuis été Ambassadeur, & est devenu un homme très-considérable. Sa Lettre est de 1728, elle existe en Original.

qu'on veut nous le faire accroire. Regarder l'Univers comme un Cachot, & tous les hommes comme des Criminels qu'on va exécuter, est l'idée d'un Fanatique; croire que le Monde est un lieu de délices où l'on ne doit avoir que du plaisir, c'est la rêverie d'un Sibarite. Penser que la Terre, les Hommes & les Animaux sont ce qu'ils doivent être dans l'ordre de la Providence, est, je crois, d'un homme sage.

VII.

Les Juifs pensent que Dieu ne laissera pas éternellement les autres Peuples dans ces ténèbres; qu'il viendra un Libérateur pour tous, qu'ils sont au monde pour l'annoncer, qu'ils sont formez exprès pour être les Hérauts de ce grand Avénement, & pour appeller tous les Peuples à s'unir à eux dans l'attente de ce Libérateur.

VII. Les Juifs ont toujours attendu un Libérateur, mais leur Libérateur est pour eux & non pour nous; ils attendent un Messie qui rendra les Juifs Maîtres des Chrétiens, & nous espérons que le Messie réunira un jour les Juifs aux Chrétiens, ils pensent précisément sur cela, le contraire de tout ce que nous pensons.

VIII.

La Loi par laquelle ce Peuple est gouverné, est tout ensemble la plus ancienne Loi du Monde, la plus parfaite, & la seule qui ait toujours été gardée sans interruption dans un état. C'est ce que Philon Juif montre en divers lieux, & Josephe admirablement contre l'Appien, où il fait voir qu'elle est si ancienne, que le nom même de Loi n'a été connu des plus anciens, que plus de mille ans après; ensorte qu'Homére qui a parlé de tant de Peuples ne s'en est jamais servi; & il est aisé de juger de la perfection de cette Loi par sa simple lecture, où l'on voit qu'on y a pourvû à toutes choses, avec tant de sagesse, tant d'équité, tant de jugement, que les plus anciens Législateurs Grecs & Romains en ayant quelque lumiére, en ont emprunté leurs principales Loix; ce qui paroît par celles qu'ils appellent des douze Tables, & par les autres preuves que Josephe en donne.

VIII. Il est très-faux que la Loi des Juifs soit la plus ancienne, puisqu'avant Moyse leur Législateur, ils demeuroient en Egypte, le Pays de la Terre le plus renommé pour ses sages Loix, par lesquelles les Rois étoient jugés après la mort.

Il est très-faux que le nom de Loi n'ait été connu qu'après Homére: il parle des Loix de Minos dans l'Odissée. Le mot de Loi est dans Hésiode: & quand le nom de Loi ne se trouveroit ni dans Hésiode, ni dans Homére, cela ne prouveroit rien. Il y avoit des Rois & des Juges; donc il y avoit des Loix.

Il est encore très-faux que les Grecs & les Romains ayent pris des Loix des Juifs. Ce ne peut être dans les commencemens de leurs Républiques, car alors ils ne pouvoient connoitre les Juifs; ce ne peut être dans le tems de leur

leur grandeur, car alors ils avoient pour ces Barbares un mépris connu de toute la Terre. Voyez comme Cicéron les traite, en parlant de la prise de Jérusalem par Pompée.

IX.

Ce Peuple est encore admirable dans sa sincérité. Ils gardent avec amour & fidélité le Livre où Moïse déclare qu'ils ont toujours été ingrats envers Dieu, & qu'il sait qu'ils le seront encore plus après sa mort; mais qu'il appelle le Ciel & la Terre à témoin contre eux, qu'il le leur a assez dit; qu'enfin Dieu s'irritant contre eux, les dispersera par tous les Peuples de la Terre: que comme ils l'ont irrité en adorant des Dieux qui n'étoient point leurs Dieux, il les irritera en appellant un Peuple qui n'étoit pas son Peuple. Cependant ce Livre qui les deshonore en tant de façons, ils le conservent aux dépens de leur vie; c'est une sincérité qui n'a point d'exemple dans le monde, ni sa racine dans la nature.

IX. Cette sincérité a par-tout des exemples & n'a sa racine que dans la Nature. L'orgueil de chaque Juif est interressé à croire que ce n'est point sa détestable politique, son ignorance des Arts, sa grossiereté qui l'a perdu; mais que c'est la colére de Dieu qui le punit; il pense avec satisfaction qu'il a fallu des miracles pour l'abattre, & que sa Nation est toujours la bien-aimée du Dieu qui la châtie.

Qu'un Prédicateur monte en Chaire, & dise aux Français: *Vous êtes des misérables, qui n'avez* ni cœur ni conduite ; vous avez été battus à Hôchstet & à Ramilly, parce que vous n'avez pas su vous défendre, il se fera lapider ; mais s'il dit : » Vous êtes des Catholiques chéris de Dieu ; » vos péchez infâmes avoient irrité l'Eternel » qui vous livra aux hérétiques à Hochstet & » à Ramilly ; mais quand vous êtes revenus au » Seigneur, alors il a beni votre courage à » Dénain ; ces paroles le feront aimer de l'Au- » ditoire. «

X.

S'il y a un Dieu, il ne faut aimer que lui, & non les Créatures.

X. Il faut aimer & très-tendrement les créatures ; il faut aimer sa Patrie, sa femme, son pere, ses enfans ; & il faut si bien les aimer, que Dieu nous les fait aimer malgré nous. Les principes contraires sont propres à faire des raisonneurs inhumains ; & cela est si vrai, que Pascal abusant de ce principe traitoit sa sœur avec dureté & rebutoit ses services, de peur de paroître aimer une créature ; c'est ce qui est écrit dans sa Vie. S'il falloit en user ainsi, quelle seroit la Société humaine ?

XI.

Nous naissons injustes, car chacun tend à soi, cela est contre tout ordre. Il faut tendre au général, & la pente vers soi est le commencement de tout desordre en guerre, en police, en œconomie, &c.

XI. Cela est selon tout ordre ; il est aussi impossipossible qu'une société puisse se former & subsister, sans amour-propre, qu'il seroit impossible de faire des enfans sans concupiscence, de songer à se nourrir sans appetit. C'est l'amour de nous-mêmes qui assiste l'amour des autres; c'est par nos besoins mutuels que nous sommes utiles au genre-humain; c'est le fondement de tout commerce; c'est l'éternel lien des hommes; sans lui il n'y auroit pas eu un Art inventé, ni une société de dix personnes formée; cet amour-propre que chaque animal a reçu de la nature, qui nous avertit de respecter celui des autres. La Loi dirige cet amour-propre & la Religion le perfectionne. Il est bien vrai que Dieu auroit pû faire des créatures uniquement attentives au bien d'autrui; dans ce cas les Marchands auroient été aux Indes par charité, & le Maçon eût scié de la pierre pour faire plaisir à son prochain. Mais Dieu a établi les choses autrement, n'accusons point l'instinct qu'il nous donne, & faisons-en l'usage qu'il commande.

XII.

Le sens caché des Prophéties, ne pouvoit induire en erreur, & il n'y avoit qu'un Peuple aussi charnel que celui-là qui s'y pût méprendre.

Car quand les biens sont promis en abondance, qui les empêchoit d'entendre les véritables biens, sinon leur cupidité qui déterminoit ce sens aux biens de la Terre?

XII. En bonne-foi le Peuple le plus spirituel

de la Terre l'auroit-il entendu autrement ? Ils étoient esclaves des Romains ; ils attendoient un Libérateur, qui les rendroit victorieux & qui feroit respecter Jérusalem dans tout le Monde ; comment avec les lumiéres de leur Raison, pouvoient-ils voir ce Vainqueur, ce Monarque dans Jesus pauvre & mis en croix ? comment pouvoient-ils entendre par le nom de leur Capitale une Jérusalem céleste, eux à qui le Décalogue n'avoit pas seulement parlé de l'immortalité de l'Ame ? Comment un Peuple si attaché à la Loi pouvoit-il sans une lumiére supérieure, reconnoître dans les Prophéties, qui n'étoient pas leur Loi, un Dieu caché sous la figure d'un Juif circoncis, qui par sa Religion nouvelle a détruit & rendu abominables la Circoncision & le Sabbat, fondemens sacrés de la Loi Judaïque ? Adorons Dieu, sans vouloir percer ses Mystères.

XIII.

Le tems du premier Avénement de Jesus-Christ est prédit ; le tems du second ne l'est point, parce que le premier devoit être caché ; au lieu que le second doit être éclatant, & tellement manifeste, que ses ennemis même le reconnoîtront.

XIII. Le tems du second avénement de Jesus-Christ a été prédit encore plus clairement que le premier ; Mr. Pascal avoit apparemment oublié que Jesus-Christ dans le Chapitre vingt-un de Saint Luc dit expressément :

» Lorsᐨ

» Lorsque vous verrez une Armée environ-
» ner Jérusalem, sachez que la desolation est
» proche. Jérusalem sera foulée aux pieds,
» & il y aura des Signes dans le Soleil & dans
» la Lune & dans les Etoiles; les flots de la
» Mer feront un très-grand bruit. Les vertus
» des Cieux seront ébranlées, & alors ils ver-
» ront le Fils-de-l'homme qui viendra sur une
» nuée avec une grande puissance & une gran-
» de majesté. Cette génération ne passera pas
» que ces choses ne soient accomplies.

Cependant la génération passa & ces choses ne s'acomplirent point à la lettre. En quelque tems que St. Luc ait écrit, il est certain que Titus prit Jérusalem & qu'on ne vit ni de Signes dans les Etoiles, ni le Fils-de-l'Homme dans les nues. Mais enfin si ce second événement n'est point encore arrivé, si cette prédiction ne s'est point accomplie dans le tems qui paroît marqué, c'est à nous de nous taire, de ne point interroger la Providence, & de croire tout ce que l'Eglise enseigne.

XIV.

Le Messie, selon les Juifs charnels, doit être un grand Prince temporel. Selon les Chrétiens charnels, il est venu nous dispenser d'aimer Dieu & nous donner des Sacremens qui opèrent tout sans nous : ni l'un ni l'autre n'est la Religion Chrétienne, ni Juive.

XIV. Cet Article est bien plutôt un trait de satire qu'une réflexion Chrétienne. On voit que

c'est

c'est aux Jésuites qu'on en veut ici ; mais en vérité aucun Jésuite a-t-il jamais dit que Jesus-Christ est *venu nous dispenser d'aimer Dieu* ? La dispute sur l'amour de Dieu, est une pure dispute de mots, comme la plûpart des autres quérelles scientifiques, qui ont causé des haines si vives & des malheurs si affreux. Il paroît encore un autre défaut dans cet Article. C'est qu'on y suppose que l'attente d'un Messie, étoit un point de Religion chez les Juifs ; c'étoit seulement une idée consolante répandue parmi cette Nation. Les Juifs espéroient un Libérateur ; mais il ne leur étoit pas ordonné d'y croire, comme article de foi. Toute leur Religion étoit renfermée dans le Livre de la Loi. Les Prophêtes n'ont jamais été regardez par les Juifs comme Législateurs.

XV.

Pour examiner les Prophéties, il faut les entendre. Car si l'on croit qu'elles n'ont qu'un sens, il est sûr que le Messie ne sera point venu ; mais si elles ont deux sens, il est sûr qu'il sera venu en Jesus-Christ.

XV. La Religion Chrétienne est si véritable, qu'elle n'a pas besoin de preuves douteuses. Or si quelque chose pouvoit ébranler les fondemens de cette sainte & raisonnable Religion, c'est ce sentiment de Mr. Pascal. Il veut que tout ait deux sens dans l'Ecriture ; mais un homme qui auroit le malheur d'être incrédule, pourroit lui dire : Celui qui donne deux sens
à ses

à ses paroles, veut tromper les hommes, & cette duplicité est toujours punie par les Loix; comment donc pouvez-vous, sans rougir, admettre Dieu dans ce qu'on punit & ce qu'on déteste dans les hommes? Que dis-je! avec quel mépris & avec quelle indignation ne traitez-vous pas les Oracles des Payens, parce qu'ils avoient deux sens? Qu'une Prophétie soit accomplie à la lettre, oserez-vous soutenir que cette Prophétie est fausse, parce qu'elle ne sera vraye qu'à la lettre, parce qu'elle ne répondra pas à un sens mystique qu'on lui donnera? Non sans doute, cela seroit absurde. Comment donc une Prophétie qui n'aura pas été réellement accomplie, deviendra-t-elle vraye dans un sens mystique? Quoi! de vraye, vous ne pouvez pas la rendre fausse; & de fausse, vous ne pourriez pas la rendre vraie? Voilà une étrange difficulté. Il faut s'en tenir à la Foi seule dans ces matiéres; c'est le seul moyen de finir toute dispute.

XVI.
La distance infinie des Corps aux Esprits, figure la distance infiniment plus infinie des Esprits à la Charité; car elle est surnaturelle.

XVI. Il est à croire que Mr. Pascal n'auroit pas employé ce galimathias dans son Ouvrage, s'il avoit eu le tems de le faire.

XVII.
Les foiblesses les plus apparentes sont des forces à

ceux qui prennent bien les choses. Par exemple, les deux Généalogies de S. Matthieu & de S. Luc ; il est visible que cela n'a pas été fait de concert.

XVII. Les Editeurs des pensées de Pascal auroient-ils du imprimer cette Pensée, dont l'exposition seule est peut-être capable de faire tort à la Religion ? A quoi bon dire que ces Généalogies, ces points fondamentaux de la Religion Chrétienne se contrarient, sans dire en quoi elles peuvent s'accorder. Il falloit presenter l'antidote avec le poison. Que penseroit-on d'un Avocat qui diroit : Ma partie se contredit ; mais cette foiblesse est une force pour ceux qui savent bien prendre les choses.

XVIII.

Qu'on ne nous reproche donc plus le manque de clarté, puisque nous en faisons profession ; mais que l'on reconnoisse la vérité de la Religion, dans le peu de lumière que nous en avons, & dans l'indifférence que nous avons de la connoître.

XVIII. Voilà d'étranges marques de vérité qu'apporte Pascal. Quelles autres marques a donc le mensonge ? Quoi ! il suffiroit pour être crû de dire, *je suis obscure, je suis inintelligible* ; il seroit bien plus sensé de ne presenter aux yeux que les lumières de la Foi, au lieu de ces ténèbres d'érudition.

XIX.

S'il n'y avoit qu'une Religion, Dieu seroit trop manifeste.

XIX.

XIX. Quoi ! vous dites que s'il n'y avoit qu'une Religion, Dieu seroit trop manifeste ? Eh oubliez-vous que vous dites à chaque page, qu'un jour il n'y aura qu'une Religion ; selon vous, Dieu sera donc alors trop manifeste ?

XX.

Je dis que la Religion Juive ne consistoit en aucune de ces choses, mais seulement en l'amour de Dieu ; & que Dieu réprouvoit toutes les autres choses.

XX. Quoi ! Dieu réprouvoit tout ce qu'il ordonnoit lui-même avec tant de soin aux Juifs, & dans un détail si prodigieux ? N'est-il pas plus vrai de dire que la Loi de Moyse consistoit & dans l'amour & dans le culte ? Ramener tout à l'amour de Dieu, sent bien moins l'amour de Dieu, que la haine que tout Janséniste a pour son prochain Moliniste.

XXI.

La chose la plus importante à la vie, c'est le choix d'un Métier ; le hazard en dispose, la coutume fait les Maçons, les Soldats, les Couvreurs.

XXI. Qui peut donc déterminer les Soldats, les Maçons & tous les Ouvriers méchaniques, sinon ce qu'on appelle hazard & la coutume ? Il n'y a que les Arts de génie ausquels on se détermine de soi-même ; mais pour les Métiers que tout le monde peut faire, il est très-naturel & très-raisonnable que la coutume en dispose.

XXII.

Que chacun examine sa pensée, il la trouvera

toujours occupée au passé & à l'avenir. Nous ne pensons presque point au présent ; & si nous y pensons, ce n'est que pour en prendre la lumière pour disposer l'avenir. Le présent n'est jamais notre but ; le passé & le présent sont nos moyens ; le seul avenir est notre objet.

XXII. Il est faux que nous ne pensions point au présent, nous y pensons en étudiant la Nature, & en faisant toutes les fonctions de la vie nous pensons aussi beaucoup au futur. Remercions l'Auteur de la Nature de ce qu'il nous donne cet instinct qui nous emporte sans cesse vers l'avenir : le tresor le plus précieux de l'homme est cette *espérance* qui nous adoucit nos chagrins, & qui nous peint des plaisirs futurs dans la possession des plaisirs présens. Si les hommes étoient assez malheureux pour ne s'occuper jamais que du présent : on ne semeroit point, on ne bâtiroit point, on ne planteroit point, on ne pourvoyeroit à rien ; on manqueroit de tout au milieu de cette fausse jouissance. Un esprit comme Mr. Pascal, pouvoit-il donner dans un lieu commun aussi faux que celui-là ? La Nature a établi que chaque homme jouïroit du présent, en se nourrissant, en faisant des enfans, écoutant des sons agréables, en occupant sa faculté de penser & de sentir ; & qu'en sortant de ces états, souvent au milieu de ces états même, il penseroit au lendemain, sans quoi il périroit de misère aujour-

aujourd'hui. Il n'y a que les enfans & les imbéciles qui ne pensent qu'au present ; faudra-t-il leur ressembler ?

XXIII.

Mais quand j'ai regardé de plus près, j'ai trouvé que cet éloignement que les hommes ont du repos, & de demeurer avec eux-mêmes, vient d'une cause bien effective ; c'est-à-dire, du malheur naturel de notre condition foible & mortelle, & si misérable que rien ne nous peut consoler, lorsque rien ne nous empêche d'y penser ; & que nous ne voyons que nous.

XXIII. Ce mot *ne voir que nous*, ne forme aucun sens. Qu'est-ce qu'un homme qui n'agiroit point, & qui est supposé se contempler ? Non-seulement je dis que cet homme seroit un imbécile, inutile à la Société ; mais je dis que cet homme ne peut exister. Car que cet homme contempleroit-il ? son corps, ses pieds, ses mains, ses cinq Sens ? ou il seroit un idiot, ou bien il feroit usage de tout cela ; resteroit-il à contempler sa faculté de penser ? Mais il ne peut contempler cette faculté qu'en l'exerçant, ou il ne pensera à rien, ou bien il pensera aux idées qui lui sont déja venues, ou il en composera de nouvelles ; or il ne peut avoir d'idées que du dehors. Le voilà donc nécessairement occupé, ou de ses sens, ou de ses idées ; le voilà donc hors de soi, ou imbécile.

Encore une fois il est impossible à la Nature humaine de rester dans cet engourdissement imaginaire ; il est absurde de le penser, il est insensé d'y prétendre. L'homme est né pour l'action, comme le feu tend en haut & la pierre en bas. N'être point occupé, & n'exister pas, est la même chose pour l'Homme ; toute la différence consiste dans les occupations douces ou tumultueuses, dangereuses, ou utiles.

XXIV.

Les hommes ont un Instinct secret, qui les porte à chercher le divertissement & l'occupation au-dehors, qui vient du ressentiment de leur misére continuelle; & ils ont un autre instinct qui reste de la grandeur de leur premiére nature, qui leur fait connoître que le bonheur n'est en effet que dans le repos.

XXIV. Cet Instinct secret étant le premier principe & le fondement nécessaire de la Société, il vient plutôt de la bonté de Dieu, & il est plutôt l'instrument de notre bonheur, qu'il n'est le ressentiment de notre misére. Je ne sais pas ce que nos premiers Peres faisoient dans le Paradis Terrestre ; mais si chacun d'eux n'avoit pensé qu'à soi, l'existence du Genre-Humain étoit bien hazardée. N'est-il pas absurde de penser qu'ils avoient des sens parfaits ; c'est-à-dire, des instrumens d'action parfaits, uniquement pour la contemplation ? Et n'est-il pas plaisant que des têtes pensantes, puissent imaginer que la paresse est un titre de grandeur, & l'action un rabaissement de notre nature ?

XXV.

XXV.

C'est pourquoi lorsque Cinéas disoit à Pirrus, qui se proposoit de jouir du repos avec ses amis, après avoir conquis une grande partie du Monde, qu'il seroit mieux d'avancer lui-même son bonheur, en jouissant dès-lors de ce repos, sans l'aller chercher par tant de fatigues : il lui donnoit un conseil qui recevoit de grandes difficultez, & qui n'étoit guère plus raisonnable que le dessein de ce jeune Ambitieux : l'un & l'autre supposoit que l'Homme se pût contenter de soi-même & de ses biens presens, sans remplir le vuide de son cœur d'espérances imaginaires, ce qui est faux ; Pirrus ne pouvoit être heureux, ni devant, ni après avoir conquis le Monde.

XXV. L'exemple de Cinéas est bon dans les Satires de Despréaux ; mais non dans un Livre Philosophique. Un Roi sage peut être heureux chez lui, & de ce qu'on nous donne Pirrus pour un fou, cela ne conclud rien pour le reste des hommes.

XXVI.

On doit donc reconnoître que l'Homme est si malheureux, qu'il s'ennuyeroit même, sans aucune cause étrangére d'ennui, par le propre état de sa condition.

XXVI. Au contraire, l'Homme est si heureux en ce point, & nous avons tant d'obligation à l'Auteur de la Nature, qu'il a attaché l'ennui à l'inaction, afin de nous forcer par-là à être utiles au prochain & à nous-mêmes.

XXVII.

XXVII.

D'où vient que cet homme qui a perdu depuis peu son fils unique, & qui accablé de procès & de querelles, étoit ce matin si troublé, n'y pense plus maintenant? Ne vous en étonnez pas : il est tout occupé à voir par où passera un cerf que ses chiens poursuivent avec ardeur depuis six heures. Il n'en faut pas davantage pour l'Homme ; quelque plein de tristesse qu'il soit, si l'on peut gagner sur lui de le faire entrer en quelque divertissement, le voilà heureux pendant ce tems-là.

XXVII. Cet homme fait à merveille, la dissipation est un reméde plus sûr contre la douleur, que le Quinquina contre la fiévre ; ne blâmons point en cela la Nature, qui est toujours prête à nous secourir. Louis XIV. alloit à la chasse le jour qu'il avoit perdu quelqu'un de ses enfans, & il faisoit fort sagement.

XXVIII.

Qu'on s'imagine un nombre d'hommes dans les chaînes, & tous condamnez à la mort, dont les uns étant chaque jour égorgez à la vûe des autres, ceux qui restent voyent leur propre condition dans celle de leurs semblables, & se regardant les uns les autres avec douleur & sans espérance, attendent leur tour. C'est l'image de la condition des hommes.

XXVIII. Cette comparaison assurément n'est pas juste ; des malheureux enchaînez qu'on égorge l'un après l'autre sont malheureux, non-seulement parce qu'ils souffrent, mais encore parce

parce qu'ils éprouvent ce que les autres hommes ne souffrent pas. Le sort naturel d'un homme n'est ni d'être enchaîné, ni d'être égorgé; mais tous les hommes sont faits comme les Animaux, les Plantes pour croître, pour vivre un certain tems, pour produire leur semblable, & pour mourir. On peut dans une Satire montrer l'Homme tant qu'on voudra du mauvais côté; mais pour peu qu'on se serve de sa raison, on avouera que de tous les Animaux l'Homme est le plus parfait, le plus heureux, & celui qui vit le plus long-tems. Au lieu donc de nous étonner & de nous plaindre du malheur & de la briéveté de la vie, nous devons nous étonner, & nous féliciter de notre bonheur & de sa durée. A ne raisonner qu'en Philosophe, j'ose dire qu'il y a bien de l'orgueil & de la témérité à prétendre, que par notre nature nous devons être mieux que nous ne sommes.

XXIX.

Car enfin si l'homme n'avoit pas été corrompu, il joüiroit de la vérité, & de la félicité avec assurance, &c. tant il est manifeste que nous avons été dans un degré de perfection dont nous sommes tombez.

XXIX. Il est sûr par la Foi & par notre Révélation, si au-dessus des lumiéres des hommes, que nous sommes tombez; mais rien n'est moins manifeste par la Raison. Car je voudrois bien savoir si Dieu ne pouvoit pas, sans déroger à sa justice, créer l'Homme tel qu'il est aujourd'hui;

d'hui; & ne l'a-t-il pas même créé pour devenir ce qu'il est ? L'état présent de l'homme n'est-il pas un bienfait du Créateur ? Qui vous a dit que Dieu vous en devoit davantage ? Qui vous a dit que votre être exigeoit plus de connoissances & plus de bonheur ? Qui vous a dit qu'il en comporte davantage ? Vous vous étonnez que Dieu a fait l'Homme si borné, si ignorant, si peu heureux ; que ne vous étonnez-vous qu'il ne l'ait pas fait plus borné, plus ignorant, plus malheureux ? Vous vous plaignez d'une vie si courte & si infortunée ? Remerciez Dieu de ce qu'elle n'est pas plus courte & plus malheureuse. Quoi donc ! selon vous, pour raisonner conséquemment, il faudroit que tous les hommes accusassent la Providence, hors les Métaphysiciens qui raisonnent sur le Péché originel !

XXX.

Le Péché originel est une folie devant les hommes; mais on le donne pour tel.

XXX. Par quelle contradiction trop palpable dites-vous donc que ce Péché originel est manifeste ? Pourquoi dites-vous que tout nous en avertit ; comment peut-il en même-tems être une folie, & être démontré par la Raison ?

XXXI.

Les Sages parmi les Payens qui ont dit qu'il n'y a qu'un Dieu, ont été persécutés, les Juifs haïs, les Chrétiens encore plus.

XXXI. Ils ont été quelquefois persécutés, de même

même que le seroit aujourd'hui un homme qui viendroit enseigner l'adoration d'un Dieu indépendante du Culte reçu. Socrate n'a pas été condamné pour avoir dit, *il n'y a qu'un Dieu*; mais pour s'être élevé contre le Culte extérieur du Païs, & pour s'être fait des ennemis puissans fort mal à propos. A l'égard des Juifs, ils étoient haïs, non parce qu'ils ne croyoient qu'un Dieu, mais parce qu'ils haïssoient ridiculement les autres Nations; parce que c'étoient des Barbares, qui massacroient sans pitié leurs ennemis vaincus; parce que ce vil Peuple, superstitieux, ignorant, privé des Arts, privé du Commerce, méprisoit les Peuples les plus policés. Quant aux Chrétiens, ils étoient haïs des Payens, parce qu'ils tendoient à abattre la Religion & l'Empire, dont ils vinrent enfin à bout; comme les Protestans se sont rendus les Maîtres dans les mêmes Païs, où ils furent long-tems haïs, persécutés & massacrés.

XXXII.

Combien les Lunettes nous ont-elles découvert d'Astres qui n'étoient point pour nos Philosophes d'auparavant! On attaquoit hardiment l'Ecriture, sur ce qu'on y trouve, en tant d'endroits, du grand nombre des Etoiles: il n'y en a que 1022. disoit-on, nous le savons.

XXXII. Il est certain que la Sainte-Ecriture en matière de Physique, s'est toujours proportionnée aux idées reçues; ainsi elle suppose que la Terre est immobile, que le Soleil marche, &c. Ce n'est point du tout par un rafinement d'Astronomie qu'elle dit, que les Etoiles sont innombrables; mais pour s'accorder aux idées vulgaires. En effet, quoique nos yeux ne découvrent qu'environ 1022. Etoiles, & encore avec bien de la peine, cependant quand on regarde le Ciel fixement, la vûe ébloüie croit alors en voir une infinité; l'Ecriture parle donc selon ce préjugé vulgaire; car elle ne nous a pas été donnée pour faire de nous des Physiciens, & il y a grande apparence que Dieu ne révéla ni à Abacuc, ni à Baruc, ni à Michée qu'un jour un Anglais nommé Fanistead, mettroit dans son Catalogue près de 3000. Etoiles apperçues avec le Télescope.

Voyez, je vous prie, quelle conséquence on tireroit du sentiment de Pascal. Si les Auteurs de la Bible ont parlé du grand nombre des Etoiles en connoissance de cause, ils étoient donc inspirez sur la Physique? Et comment de si grands Physiciens ont-ils pu dire que la Lune s'est arrêtée à midi sur Aïalon, & le Soleil sur Gabaon, dans la Palestine: qu'il faut que le Bled pourrisse pour germer & produire, & cent autres choses semblables?

Concluons donc que ce n'est pas la Physique, mais la Morale qu'il faut chercher dans la Bible, qu'elle doit faire des Chrétiens & non des Philosophes.

XXXIII.

SUR LES PENSE'ES DE PASC.

XXXIII.

Est-ce courage à un homme mourant d'aller dans la foiblesse & dans l'agonie affronter un Dieu tout puissant & éternel?

XXXIII. Cela n'est jamais arrivé, & ce ne peut être que dans un violent transport au cerveau qu'un homme dise, je croi un Dieu & je le brave.

XXXIV.

Je crois volontiers les Histoires dont les témoins se font égorger.

XXXIV. La difficulté n'est pas seulement de savoir si on croira des témoins qui meurent pour soutenir leur déposition, comme ont fait tant de Fanatiques; mais encore si ces témoins sont effectivement morts pour cela, si on a conservé leurs dépositions, s'ils ont habité les Païs où on dit qu'ils sont morts. Pourquoi Joséphe né dans le tems de la mort du Christ, Joséphe ennemi d'Hérode, Joséphe peu attaché au Judaïsme, n'a-t-il pas dit un mot de tout cela? Voilà ce que Mr. Pascal eût débrouillé avec succès, comme ont fait depuis tant d'Ecrivains éloquens.

XXXV.

Les Sciences ont deux extrémitez qui se touchent; la premiére est la pure ignorance naturelle où se donnent tous les hommes en naissant; l'autre extrémité est celle où arrivent les grandes ames, qui ayant parcouru tout ce que les hommes peuvent savoir, trouvent qu'ils ne savent rien, & se rencontrent dans cette même ignorance d'où ils étoient partis.

XXXV.

XXXV. Cette pensée est un pur sophisme, & la fausseté consiste dans ce mot d'*ignorance* qu'on prend en deux sens différens. Celui qui ne sait ni lire ni écrire est un ignorant ; mais un Mathématicien, pour ignorer les principes cachés de la Nature, n'est pas au point d'ignorance dont il étoit parti, quand il commença à apprendre à lire. Mr. Newton ne savoit pas pourquoi l'homme remue son bras, quand il le veut; mais il n'en étoit pas moins savant sur le reste, celui qui ne sait point l'Hebreu & qui sait le Latin, est savant par comparaison avec celui qui ne sait que le Français.

XXXVI.

Ce n'est pas être heureux que de pouvoir être réjoui par le divertissement ; car il vient d'ailleurs, & de dehors, ainsi il est dépendant, & par conséquent sujet à être troublé par mille accidens qui font les afflictions inévitables.

XXXVI. Celui-là est actuellement heureux qui a du plaisir, & ce plaisir ne peut venir que de dehors; nous ne pouvons avoir de sensations ni d'idées que par les objets extérieurs; comme nous ne pouvons nourrir notre corps qu'en y faisant entrer des subsistances étrangères qui se changent en la nôtre.

XXXVII.

L'extrême esprit est accusé de folie, comme l'extrême défaut ; rien ne passe pour bon que la médiocrité.

XXXVII. Ce n'est point l'extrême esprit,
c'est

c'est l'extrême vivacité & volubilité de l'esprit qu'on accuse de folie ; l'extrême esprit est l'extrême justesse ; l'extrême finesse, l'extrême étendue opposée diamétralement à la folie.

L'extrême *défaut d'esprit* est une manque de conception, un vuide d'idées ; ce n'est point la folie, c'est la stupidité. La folie est un dérangement dans les organes qui fait voir plusieurs objets trop vîte, ou qui arrête l'imagination sur un seul avec trop d'application & de violence, ce n'est point non plus la médiocrité qui passe pour bonne, c'est l'éloignement des deux vices opposez, c'est ce qu'on appelle juste milieu & non médiocrité. On ne fait cette remarque & quelques autres dans ce goût que pour donner des idées précises. C'est plutôt pour éclaircir que pour contredire.

XXXVIII.

Si notre condition étoit véritablement heureuse, il ne faudroit pas nous divertir d'y penser.

XXXVIII. Notre condition est précisément de penser aux objets extérieurs avec lesquels nous avons un rapport nécessaire. Il est faux qu'on puisse divertir un homme de penser à la condition humaine ; car à quelque chose qu'il applique son esprit, il l'applique à quelque chose de lié nécessairement à la condition humaine ; & encore une fois penser à soi avec abstraction des choses naturelles, c'est ne penser à rien, je dis à rien du tout ; qu'on y prenne bien garde.

Tome IV. P. Loin

Loin d'empêcher un homme de penser à sa condition, on ne l'entretient jamais que des agrémens de sa condition ; on parle à un Savant de réputation & de Science, à un Prince de ce qui a rapport à sa grandeur, à tout homme on parle de plaisir.

XXXIX.

Les grands & les petits ont mêmes accidens, mêmes fâcheries & mêmes passions. Mais les uns sont au haut de la roue & les autres près du centre, & ainsi moins agités par les mêmes mouvemens.

XXXIX. Il est faux que les petits soient moins agitez que les grands, au contraire leurs desespoirs sont plus vifs, parce qu'ils ont moins de ressources. De cent personnes qui se tuent à Londres & ailleurs, il y en a quatre-vingt-dix-neuf du bas peuple, & à peine une d'une condition relevée. La comparaison de la roue est ingénieuse & fausse.

XL.

On n'apprend pas aux hommes à être honnêtes gens, & on leur apprend tout le reste ; cependant ils ne se piquent de savoir que la seule chose qu'ils n'apprennent point.

XL. On apprend aux hommes à être honnêtes gens, & sans cela peu parviendroient à l'être. Laissez votre fils dans son enfance prendre tout ce qu'il trouvera sous sa main, à quinze ans il volera sur le grand chemin : louez-le d'avoir dit un mensonge, il deviendra faux-témoin :

moin : flatez sa concupiscence, il sera sûrement débauché ; on apprend tout aux hommes, la vertu, la Religion.

XLI.

Le sot projet qu'a eu Montagne de se peindre, & cela non pas en passant & contre ses Maximes, comme il arrive à tout le monde de faillir ; mais par ses propres maximes, & par un dessein premier & principal ! Car de dire des sottises par hazard & par foiblesse, c'est un mal ordinaire ; mais d'en dire à dessein, c'est ce qui n'est pas supportable, & d'en dire de telles que celle-là.

XLI. Le charmant projet que Montagne a eu de se peindre naïvement, comme il a fait ! Car il a peint la Nature-Humaine ; & le pauvre projet de Nicole, de Mallebranche, de Pascal, de décrier Montagne.

XLII.

Lorsque j'ai considéré d'où vient qu'on ajoute tant de foi à tant d'Imposteurs, qui disent qu'ils ont des remédes, jusqu'à mettre souvent sa vie entre leurs mains, il m'a paru que la véritable cause est, qu'il y a de vrais remédes ; car il ne seroit pas possible qu'il y en eût tant de faux, & qu'on y donnât tant de créance, s'il n'y en avoit de véritables. Si jamais il n'y en avoit eu, & que tous les maux eussent été incurables, il est impossible que les hommes se fussent imaginé qu'ils en pourroient donner, & encore plus que tant d'autres eussent donné créance à ceux qui se fussent vantez d'en avoir ; de même que si un homme se vantoit d'empêcher de mourir, personne ne le croiroit, parce qu'il n'y a aucun exemple de cela. Mais comme il y a eu quantité de remèdes qui se sont trouvez véritables, par la connoissance même des plus grands hommes, la créance des hommes s'est pliée par-là, parce que la chose ne pouvant être niée en général, puisqu'il y a des effets particuliers qui sont véritables; le Peuple, qui ne peut pas discerner lesquels d'entre ces effets particuliers sont les véritables, les croit tous. De même ce qui fait qu'on croit tant de faux effets de la Lune, c'est qu'il y en a de vrais, comme le flux de la Mer. Ainsi il me paroît aussi évidemment qu'il n'y a tant de faux miracles, de fausses révélations, de sortilèges, que parce qu'il y en a de vrais.

XLII. Il me semble que la Nature humaine n'a pas besoin du vrai pour tomber dans le faux. On a imputé mille fausses influences à la Lune, avant qu'on imaginât le moindre rapport véritable avec le flux de la Mer. Le premier homme qui a été malade, a cru sans peine le premier Charlatan; personne n'a vu de Loups garoux, ni de Sorciers, & beaucoup y ont cru; personne n'a vu de transmutation de Métaux, & plusieurs ont été ruïnez par la créance de la Pierre Philosophale. Les Romains, les Grecs, les Payens, ne croyoient-ils donc aux faux Miracles, dont ils étoient inondez, que parce qu'ils en avoient vu de véritables?

XLIII.

Le Port règle ceux qui sont dans un Vaisseau;

mais

mais où trouverons-nous ce point dans la Morale?

XLIII. Dans cette seule maxime, reçue de toutes les Nations : « Ne faites pas à autrui ce » que vous ne voudriez pas qu'on vous fît.

XLIV.

Ferox gens nullam esse vitam sine armis putat. Ils aiment mieux la mort que la paix : les autres aiment mieux la mort que la guerre. Toute opinion peut être préférée à la vie, dont l'amour paroit si fort & si naturel.

XLIV. C'est des Catalans que Tacite a dit cela; mais il n'y en a point dont on ait dit & dont on puisse dire, elle aime mieux la mort que la guerre.

XLV.

A mesure qu'on a plus d'esprit, on trouve qu'il y a plus d'hommes originaux. Les gens du commun ne trouvent pas de différence entre les hommes.

XLV. Il y a très-peu d'hommes vraiment originaux, presque tous se gouvernent, pensent & sentent par l'influence de la coutume & de l'éducation. Rien n'est si rare qu'un esprit qui marche dans une route nouvelle; mais parmi cette foule d'hommes qui vont de compagnie, chacun a de petites différences dans la démarche, que les vues fines apperçoivent.

XLVI.

Il y a donc de deux sortes d'esprits : l'un de pénétrer vivement & profondément les conséquences des principes, & c'est-là l'esprit de justesse ; l'autre de comprendre un grand nombre de principes sans les confondre ; & c'est-là l'esprit de Géométrie.

XLVI. L'Usage veut, je crois aujourd'hui, qu'on appelle *esprit géométrique*, l'esprit méthodique & conséquent.

XLVII.

La mort est plus aisée à supporter sans y penser, que la pensée de la mort sans péril.

XLVII. On ne peut pas dire qu'un homme supporte la mort aisément ou mal-aisément, quand il n'y pense point du tout. Qui ne sent rien, ne supporte rien.

XLVIII.

Tout notre raisonnement se réduit à céder au sentiment.

XLVIII. Notre raisonnement se réduit à céder au sentiment, en fait de goût, non en fait de science.

XLIX.

Ceux qui jugent d'un Ouvrage par règle, sont à l'égard des autres, comme ceux qui ont une Montre, à l'égard de ceux qui n'en ont point. L'un dit, il y a deux heures que nous sommes ici : l'autre dit, il n'y a que trois quarts-d'heure ; je regarde ma Montre ; je dis à l'un, vous vous ennuyez, & à l'autre le tems ne vous dure guère.

XLIX. En Ouvrage de goût, en Musique, en Poësie, en Peinture, c'est le goût qui tient lieu de Montre ; & celui qui n'en juge que par règles, en juge mal.

L.

César étoit trop vieux, ce me semble, pour s'aller amuser à conquérir le monde : cet amusement étoit bon à Aléxandre : c'étoit un jeune homme qu'il étoit difficile d'arrêter ; mais César devoit être plus mûr.

L. L'on s'imagine d'ordinaire qu'Aléxandre & César sont sortis de chez eux dans le dessein de conquérir la Terre ; ce n'est point cela. Aléxandre succéda à Philippe dans le Généralat de la Grece, & fut chargé de la juste entreprise de venger les Grecs des injures du Roi de Perse ; il battit l'ennemi commun, & continua ses conquêtes jusqu'à l'Inde, parce que le Royaume de Darius s'étendoit jusqu'à l'Inde ; de même que le Duc de Marlborough seroit venu jusqu'à Lyon sans le Maréchal de Villars.

A l'égard de César, il étoit un des premiers de la République : il se brouilla avec Pompée, comme les Jansénistes avec les Molinistes, & alors ce fut à qui s'extermineroit ; une seule bataille, où il n'y eut pas dix mille hommes de tuez, décida de tout.

Au reste, la pensée de Mr. Pascal est peut-être fausse en un sens. Il falloit la maturité de César pour se démêler de tant d'intrigues, & il est étonnant qu'Aléxandre, à son âge, ait renoncé au plaisir pour faire une guerre si pénible.

LI.

C'est une plaisante chose à considérer, de ce qu'il

y a des gens dans le monde qui ayant renoncé à toutes les *Loix de Dieu & de la Nature*, s'en sont fait eux-mêmes auxquelles ils obéissent exactement, comme, par exemple, les *Voleurs*, &c.

LI. Cela est encore plus utile que plaisant à considérer; car cela prouve que nulle Société d'hommes ne peut subsister un seul jour sans loix. Il en est de toute Société comme du Jeu, il n'y en a point sans règle.

LII.

L'Homme n'est ni Ange, ni Bête: & le malheur veut, que qui veut faire l'Ange, fait la Bête.

LII. Qui veut détruire les passions au lieu de les règler, veut faire l'*Ange*.

LIII.

Un Cheval ne cherche point à se faire admirer de son compagnon: on voit bien entr'eux quelque sorte d'émulation à la course, mais c'est sans consequence; car étant à l'étable, le plus pesant & le plus mal taillé, ne céde pas pour cela son avoine à l'autre. Il n'en est pas de même parmi les hommes, leur vertu ne se satisfait pas d'elle-même, & ils ne sont point contens s'ils n'en tirent avantage contre les autres.

LIII. L'Homme le plus mal-taillé ne céde pas non plus son pain à l'autre, mais le plus fort l'enléve au plus foible; & chez les Animaux & chez les Hommes, les gros mangent les petits.

LIV.

Si l'Homme commençoit par s'étudier lui-même,

il verroit combien il est incapable de passer outre. Comment se pourroit-il faire qu'une partie connût le tout ? Il aspirera peut-être à connoître au moins les parties avec lesquelles il a de la proportion ; mais les parties du monde ont toutes un tel rapport & un tel enchaînement l'une avec l'autre, que je crois impossible de connoître l'une sans l'autre & sans le tout.

LIV. Il ne faudroit point détourner l'homme de chercher ce qui lui est utile, par cette considération qu'il ne peut tout connoître.

Non possis oculos quantum contendere Lynceus;
Non tamen idcirco contemnas lippus inungi.

Nous connoissons beaucoup de véritez : nous avons trouvé beaucoup d'inventions utiles : consolons-nous de ne pas savoir les rapports qui peuvent être entre une Araignée & l'Anneau de Saturne ; & continuons à examiner ce qui est à notre portée.

LV.

Si la foudre tomboit sur les lieux bas ; les Poëtes & ceux qui ne savent raisonner que sur les choses de cette nature, manqueroient de preuves.

LV. Une comparaison n'est preuve ni en Poësie, ni en Prose, elle sert en Poësie d'embellissement, & en Prose elle sert à éclaircir & à rendre les choses plus sensibles ; les Poëtes qui ont comparé les malheurs des grands à la foudre qui frappe les Montagnes, feroient des compa-

raisons contraires, si le contraire arrivoit.
LVI.

C'est cette composition d'esprit & de corps qui a fait que presque tous les Philosophes ont confondu les idées des choses, & attribué aux corps ce qui n'appartient qu'aux esprits, & aux esprits ce qui ne peut convenir qu'aux corps.

LV. Si nous savions ce que c'est qu'esprit, nous pourrions nous plaindre de ce que les Philosophes lui ont attribué ce qui ne lui appartient pas; mais nous ne connoissons ni l'esprit, ni le corps; nous n'avons aucune idée de l'un, & nous n'avons que des idées très-imparfaites de l'autre; donc nous ne pouvons savoir quelles sont leurs limites.

LVII.

Comme on dit beauté poëtique, on devroit dire, beauté géométrique & beauté médicinale; cependant on ne le dit point, & la raison en est, qu'on sait bien quel est l'objet de la Géométrie & quel est l'objet de la Médecine; mais on ne sait pas en quoi consiste l'agrément qui est l'objet de la Poësie. On ne sait ce que c'est que ce modèle naturel qu'il faut imiter, & à faute de cette connoissance, on a inventé de certains termes bizarres, Siècle d'or, Merveille de nos jours, fatal Laurier, bel Astre, &c. & on appelle ce jargon beauté poëtique. Mais qui s'imaginera une femme vétuë sur ce modèle, verra une jolie Demoiselle toute couverte de miroirs & de chaînes de laiton.

LVII.

LVII. Cela est très-faux : on ne doit point dire beauté géométrique, ni beauté médicinale; parce qu'un Théorême & une purgation n'affectent point les sens agréablement, & qu'on ne donne le nom de beauté qu'aux choses qui charment les sens, comme la Musique, la Peinture, l'Eloquence, la Poësie, l'Architecture réguliére, &c.

La raison qu'apporte Mr. Pascal est toute aussi fausse : on sait très-bien en quoi consiste l'objet de la Poësie : Il consiste à peindre avec force, netteté, délicatesse & harmonie, la Poësie est l'éloquence harmonieuse. Il falloit que Mr. Pascal eût bien peu de goût pour dire, que *fatal Laurier*, *bel Astre*, & autres sottises, sont des beautez poëtiques ; & il falloit que les Editeurs de ces pensées fussent des personnes bien peu versées dans les Belles-Lettres, pour imprimer une réflexion si indigne de son illustre Auteur.

Je ne vous envoye point mes autres Remarques sur les pensées de Mr. Pascal, qui entraîneroient des discussions trop longues. C'est assez d'avoir cru appercevoir quelques erreurs d'inatention dans ce grand Génie ; c'est une consolation pour un esprit aussi borné que le mien, d'être bien persuadé que les plus grands Hommes se trompent comme le Vulgaire.

FIN DU TOME IV.

TABLE

Des principales Matiéres contenues au Tome IV.

A.

ACADE'MIE. Projet d'une Académie Anglaife pour perfectionner la Langue, 300. Raifons qui le firent échouer, *ibid.* Réflexions fur l'Académie Françaife, & fur celle des Sciences, 301. Utilité dont l'Académie Françaife pourroit être en France aux Belles-Lettres. 304

Addifon. Défaut confidérable dans fa belle Tragédie de Caton. 273

Ame. Ignorance des Anciens fur la nature de l'Ame. Sentiment des Peres, des Docteurs Scholaftiques, & des nouveaux Philofophes. 215

Anaxagoras. Son Sentiment fur la nature de l'Ame. 214

Angleterre. C'eft proprement le Païs des Sectaires, 170. Voyez Presbytériens. Pourquoi les Lettres y font plus en honneur qu'en France. 182

Antonio. Perfonnage ridicule d'une Tragédie d'Otway. 269

Argonautes. Newton a fixé le tems de leur Expédition 265. ans avant J.C. 266

Ariftote. Il n'a eu tant de Commentateurs, que parce qu'il eft inintelligible. 215

Aftronomie. Ufage que Newton a fait de cette Science pour rectifier la Chronologie. 265

Attraction. Newton a pris fon Syftême de l'Attraction du Chancelier Bacon, 211. Explication

de

de ce Systême, 238. Justification du nom d'Attraction. 244

B.

BACON. (le Chancelier) Son caractère & son Eloge, 207. Réflexions curieuses sur ses découvertes Philosophiques & sur ses Ouvrages, 208. Critique de son Histoire de Henri VII. 212
Baptême. Idée que les Quakers en ont. 147
Barbarie. C'est dans les Siècles les plus barbares qu'on a découvert les Inventions les plus utiles, 209. & 303
Barclay, (Robert) Auteur de l'*Exposition de Foi des Quakers*, Ouvrage très-estimé, 149. Il le presente au Roi Charles II. 161
Bastille. Sir John Vanbrugh étant en France est mis à la Bastille, sans savoir pourquoi. 278
Bernard. (St.) Opinion singulière de ce Pere sur l'état des Ames après la mort. 215
Bernoulli. S'il est l'Inventeur du Calcul intégral. 259

Bolingbrocke (Mylord) regardé comme un des Défenseurs de l'Eglise Anglicane, 171. Réponse noble & ingénieuse de ce Seigneur au sujet du Duc de Marlborough. 208
Brounker (le Lord) trouve la quadrature de l'Hyperbole. 269

C.

CHARTA. (MAGNA) Edit célèbre, que les Anglais regardent comme le fondement de leurs libertez. Examen de cette pièce. 192
Chinois. Ils pratiquent depuis plus de deux cens ans l'Insertion de la Petite-Vérole. 205
Chronologie. Nouvelles découvertes de Newton dans cette Science, 262. Principes sur lesquels il les a établis. *ibid.*
Cibber. (Mr.) Poëte Anglais, & excellent Comédien. 280
Circassiens. Ces Peuples ont inventé l'Insertion de la Petite-Vérole. Raisons qu'ils ont eu pour prendre cet usage. 200
Clark, (le Docteur) célèbre

bre Théologien, Partisan du Socinianisme, 180. Son caractère, *ibid*. Son attachement pour cette Secte lui coute sa fortune. 181

Clergé Quelle est son autorité en Angleterre, 171. Il mene une vie plus réguliére que le Clergé de France, 173. La plûpart des Ministres sont pédans, & peu propres à la Société, & pourquoi, *ibid*. Ils savent s'enyvrer sans scandale. *ibid*.

Comédie. Les Anglais ont des Comédies d'une grande beauté ; mais pour les goûter, il faut savoir leur Langue, parce qu'elles perdent trop dans la traduction, 279. Moïen pour les bien connoître. 280

Cometes. Expliquées par Newton. Sentiment de quelques autres Philosophes. 243

Commerce. Etat florissant du Commerce en Angleterre, 196. Noble simplicité des riches Marchands de Londres. 197

Communes. L'Origine de la Chambre des Communes est fort obscure, 193. De quelle maniére son Autorité s'est accrue. *ibid*.

Congréve. Célèbre Poëte Anglais ; il a fait quelques Comédies excellentes. Son caractère. 279

Couleurs. Différentes couleurs des Rayons de la lumiére fixées par Newton, 250. Cause des couleurs dans la Nature. 251

Courayer, (le Pere) savant Moine de France. Il a écrit en faveur des Ordinations des Anglais. Opinion qu'on a de son Ouvrage en France & en Angleterre. 172

Courtisans Français. Quelles sont leurs Divinitez ? 281

Cromwel. Il persécute les Quakers, parce que leur Religion leur défend de combattre. 159

D.

DESCARTES. Son caractère. Abregé de sa Vie. Jugement sur ses Talens, sur ses Ouvrages, & sur ses progrès dans la Philosophie, la Géométrie, &c. 227. Comparée à Newton, *ib*. Newton a détruit la plûpart de ses principes. 237
Diffi-

Différence remarquable entre la Comédie & la Tragédie. 280

Dominis. (Antonio de) H explique le premier la cause de l'Arc-en-Ciel. 249

Dryden. Excellent Poëte Anglais. Son caractère, 272. Traduction d'un bel endroit de ses Ouvrages. *ibid*.

E.

ECOLE DES FEMMES, Comédie de Moliére, imitée par Wicherley, sous le nom de *Country wife*. 277

Effiat. (le Marquis d') compliment ingénieux de ce Seigneur au Chancelier Bacon. 207

Enthousiaste. De quelle difficulté il est de ramener un Enthousiasme à la raison. 149

Epitaphe de Sir John Vanbrugh. 278

Erreur des Anglais sur la mesure de la Terre, rectifiée par Newton. 239

Essence. Celle de la Matiére, suivant Newton, ne consiste pas seulement dans l'Etendue ; & celle de l'Ame n'est point la Pensée suivant Locke, opposés l'un & l'autre à Descartes. 226

Eugène (le Prince) emprunte cinq millions des Marchands de Londres. 197

F.

FERMAT, le seul Français du tems de Descartes, qui fut capable d'entendre sa Géométrie. 231

Flotes. Les Anglais en 1723. en avoient tout à la fois en Mer trois des plus puissantes. 196

Fontenelle. (Mr. de) Il a fait l'Eloge de Newton. Les Anglais se sont plaints qu'il ait comparé Descartes à ce Philosophe, 227. Il a attaqué le Système de l'Attraction. 244

Fox, (George) Auteur de la Secte des Quakers. Son caractère & ses Avantures. 158

Francine, Maitresse de Descartes, dont il eut une fille. 228

Français. Quelle opinion ils ont de l'Angleterre, 186. Descartes peu estimé de plusieurs Anglais, par la seule raison qu'il étoit Français. 227

G. GA-

G.

GALILÉE mis à l'Inquisition pour avoir démontré le mouvement de la Terre. 229

Générations. Quelle proportion il y a entre leur durée & celles des Régnes. 262

Géométrie des Infinis. Sublimes découvertes de Newton dans cette Science. 259

Gordon. (Mr.) bel esprit de Londres, connu par plusieurs Ouvrages. 297

Gouvernement. Divers changemens du Gouvernement d'Angleterre, 189. Manière dont on y leve les Taxes & les Impôts. 195

Grands-Hommes. Réponse à la Question, quel est le plus grand homme qui ait été jusqu'à present. 206

Guerres Civiles de France, aussi cruelles & plus folles que celles d'Angleterre. 206

H.

HAINE entre les Presbytériens & les Episcopaux d'Angleterre, à peu près pareille à celle des Jansénistes & des Jésuites, avec cette différence que les premiers gardent mieux les dehors. 177

Hallay. (le Docteur) Son sentiment par rapport à la Comete de 1680. 243

Hipparque. Philosophe Grec. Ses Observations Astronomiques. 264

Historiens. Les Anglais manquent de bons Historiens. 296

Hollande. Descartes y fut persécuté, parce qu'on n'y comprenoit point sa Philosophie. 228

Hudibras. Poëme fameux de Butler. Jugement sur cet Ouvrage. 293

Hyperbole. Sa quadrature, trouvée par le Lord Brounker. 259

I.

IMPÔTS. De quelle manière ils se levent en Angleterre. 194

Impulsion. Ce mot n'est pas plus intelligible en Philosophie, que celui d'Attraction. 245

Infinis. Géométrie des Infinis, merveilleusement approfondie par Newton. 200

Infer-

Insertion. Méthode venue d'Asie pour prévenir la Petite-Vérole. Origine de cette Invention, 200. Histoire curieuse de la maniére dont elle a été apportée en Angleterre, 202. Effets qu'elle a produits dans ce Païs, 204. Utilité dont elle pourroit être ailleurs, & surtout en France, *ibid.* On dit que les Chinois la pratiquent il y a longtems. 205

Inventions. On remarque que les Inventions les plus utiles & les plus considérables, sont dues aux Siécles les plus ignorans & les plus barbares. 209

L.

LANGUE Anglaise. Il faut la savoir, pour juger du mérite des Anglais, & pour connoître le prix de leurs Ouvrages d'esprit. 280

Leibnitz. S'il est l'Inventeur du calcul des Fluxions. 259

Liberté. Amour des Anglais pour la Liberté. Il va jusqu'à les rendre jaloux de celle des autres, 186. Fondement de leurs Libertez, 193. Examen de leurs Libertez. *ibid.*

Locke. (Jean) Son caractère, 214. Idée de sa Philosophie, 217. Il est accusé d'en vouloir à la Religion. 219

Lully, méprisé par les Musiciens ignorans d'Italie, & admiré par les plus habiles. 279

M.

MACHINES. Si les Bêtes sont de pures Machines ? Raisonnement de l'Auteur contre ce Sentiment. 222

Majesté. Le Peuple Anglais traité de Majesté par un Membre du Parlement. 183

Mallebranche. Les Quakers estiment le P. Mallebranche, & le regardent comme un des Partisans de leur Secte. 156

Marchands de Londres. Leurs Richesses & leur générosité, 196. Les plus gros Seigneurs n'y croient pas le Commerce indigne d'eux. Exemples qui le prouvent. *ibid.*

Matiére. L'essence de la Matié-

Matiére suivant Newton consiste dans la solidité & l'étendue. 226
Mesure de la Circonférence du Globe Terrestre. 240
Milton. Une fille de ce grand Homme, sauvée de la misére par les libéralités de la Reine d'Angleterre. 203
Misantrope de Moliére, imité par Wycherley, sous le nom de *Plain-Dealer.* 276
Montague. (Mylady Wortley) On lui a l'obligation en Angleterre d'y avoir apporté la méthode de l'Insertion. Eloge de cette Dame. 293
Murait (Mr.) dans ses Lettres sur les Anglais & les Français, ne s'est point assez étendu sur les Comédies d'Angleterre. 275

N.

NEWTON (Sir Isaac) Partisan du Socinianisme, 180. Le plus grand homme, au jugement de plusieurs, qui ait été jusqu'à present, 210. Sa Philosophie toute différente de celle de France, 226. On explique ses principes les plus curieux & les plus importans, *depuis la page* 233. *jusqu'à la page* 267. Il s'est élevé à une espèce de Monarchie Universelle dans les Sciences. *ibid.*
Nord-holland. Lieu où Descartes s'étoit retiré pour Philosopher. 229

O.

OPACITE'. Cause de l'opacité des Corps découverte par Newton. 251
Optique. Admirables découvertes de Sir Isaac Newton dans cette Science, 249. Méthode qu'il a prise pour les faire. 250
Ordinations Anglicanes, défendue par le Pere Courayer. Quelle obligation les Anglais lui ont pour son Ouvrage? 172
Otway. Il a imité ridiculement Shakespear dans ses défauts. 269
Oxford (le Comte d') regardé comme défenseur de l'Eglise Anglicane, *ibid.* Il favorise le Projet d'une Académie. 300

P.

PAIRS. Les Pairs sont le boulevard des Rois d'Angleterre, contre l'autorité redoutable des Communes, 194. La Pairie ne consiste qu'en un titre, auquel il n'y a point de terres attachées. *ibid.*

Papes. Ancienne Tyranie des Papes en Angleterre. 191

Parlement. Comparaison du Parlement d'Angleterre, avec les anciens Romains, 183. On examine si elle est juste, *ibid.* Réflexions sur la liberté des Anglais, & sur l'Autorité du Parlement. 184

Pen. (William) Chef des Quakers en Amérique, 163. C'est de lui que la Pensylvanie tire son nom, 166. Avanture de sa Vie. Ses Voyages. Ordre qu'il met parmi ses Sectateurs, *ibid.* Quelques-uns prétendent qu'il étoit Jésuite. Il s'est justifié de cette accusation. 168

Philosophie. Quelle obligation elle a au Chancelier Bacon, 288. A Descartes, 232. à Newton, 232

Picart, (Mr.) Secours que Newton a tiré de lui pour confirmer son Système. 240

Pope, (Mr.) un des plus grands Poëtes d'Angleterre. Son caractère, 294. Traduction d'un bel endroit de ses Ouvrages, 295. *& suiv.* C'est le Boileau d'Angleterre. 296

Presbytériens. Ce qu'ils font en Angleterre, 175. Différence entre les Ministres Presbytériens & ceux de l'Eglise Anglicane, 176. Le Presbytéranisme est la Secte la plus considérable d'Angleterre, après la Religion dominante. 171

Prior. Poëte Anglois, d'un mérite distingué, 272. Récompensé par un grand emploi. *ibid.*

Q.

QUAKERS. Entretien de l'Auteur avec un ancien Quaker, 146. Quelle opinion les Quakers ont du Baptême, 147. Usages de leurs Eglises, 153. Ils n'ont ni Prêtres ni Ministres, 154. Origine des Quakers, 157. Persécutions qu'ils eu-

eurent à souffrir, & l'établissement de leur Doctrine, 158. Ils vont s'établir en Amérique, particuliérement en Pensylvanie, 169. Leur Secte diminue tous les jours en Angleterre. Raisons de cela. 169

Qualité. Les Personnes de Qualité se font un honneur en Angleterre de cultiver les Lettres. 290

R.

Rabelais; jugement sur cet Auteur. 293

Rayons. Différence des Rayons qui composent la lumiére, suivant le systême de Newton. 250

Régnes. Quelle proportion il y a entre la durée des Régnes & celle des Générations. 262

Reine. Eloge de la Reine d'Angleterre. Elle protége les Sciences. 203

Religion. Pluralité de Religions, nécessaires pour le bonheur & la tranquilité des Anglais. 178

Retz. (le Cardinal de) Son caractère. 187

Revenu annuel. Un grand nombre de particuliers sans titre, en Angleterre, ont deux cens mille francs de revenu. 195

Révolution singuliére de la Terre nouvellement découverte. 264

Rochester. (le Comte de) Son éloge, 285. Bel endroit d'une de ses Satires. 286

Romains. Comparaison des Anglais avec les Romains. 183

Royal Exchange. C'est le nom de la Bourse de Londres. Belle idée de ce Lieu. 177

S.

Scotthen, le seul en Hollande qui du tems de Descartes fut capable d'entendre la Géométrie. 231

Sectes. L'Angleterre est proprement le Païs des Sectes, 170. Les Philosophes ne formeront jamais de Sectes Religieuses, parce qu'ils sont exempts d'enthousiasme. 223

Shakespear. Le premier Poëte qui ait mis le Théâtre en honneur en Angleterre, 168. Son caractère, 269. Le respect a l'ad l'admiration que les Anglois ont pour lui, produit de mauvais effets, *ibid.* Bel endroit d'une de ses Tragédies, traduite en Français. 271

Sociniens. De qui cette Secte est composée en Angleterre, 179. Newton & le Docteur Clarke favorisoient le Socinianisme, 180. Réflexions sur l'état de cette Secte. 181

Soubise. (le Prince de) Il meurt de la Petite-Vérole à la fleur de son âge. 205

Spectacles. Ils sont défendus à Londres le Dimanche, aussi-bien que les Cartes, & tout autre sorte de Jeux. 176

Steele. (Sir Richard) Auteur de plusieurs bonnes Comédies. 280

Stilingfleet (le Docteur) s'est acquis la réputation de Théologien modéré, & pourquoi. 219

Swift. (le Docteur) Son caractère & son éloge. Comparaison de cet Auteur avec Rabelais. 293

T

TELESCOPE. Nouveau Télescope, de l'invention de Newton. 253

Théâtres. L'Angleterre a eu des Théâtres avant la France. 268

Théologiens. Espèce d'hommes d'un caractère incommode, & qui ne se renferment point assez dans les bornes de leur profession, 218. Beaucoup plus dangereux pour le Genre-humain que les Philosophes. 223

Thou. (De) Auteur judicieux, jusques dans son stile. 213

Toris. Parti puissant en Angleterre, opposé aux Whigs. 171

Traduction. Divers Passages des Poëtes Anglais, traduits par Mr. de Voltaire. Shakespear, 271. De Dryden, 272. Qualités nécessaires d'une bonne Traduction, 276. De Mylord Harvey, 283. Du Comte de Rochester, 286. De Waller. 289

Tragédies. Réflexions sur l'état de la Tragédie en Angleterre. 272

Tutoyer. Les Quakers ne parlent qu'en tutoyans. Manière dont ils justifient cet Usage, 150. Exemple d'un discours de

TABLE DES MATIERES.

de ce genre, adressé à Charles II. 161

V.

VANBRUGH. (Sir John) Auteur de plusieurs bonnes Comédies, & célèbre Architecte. Son caractère & son Epitaphe. Il fait le Voyage de France, & il est mis à la Bastille. *ibid. & 278*

Vérole. (Petite) Manière de la prévenir par l'Insertion. Histoire curieuse de ce Remede, 202. Ravages qu'elle fit à Paris en 1723. 105

Villequier. (le Duc de) Sa mort à la fleur de son âge. *ibid.*

Voiture. Jugement sur le mérite de cet Auteur. 288

W.

WALLER. Poëte Anglais. Son caractère & son Eloge, 287. Morceau de l'Eloge funèbre qu'il fit de Cromwel, 289. Réponse ingénieuse qu'il fit à Charles II. 290

Wallis. (le Docteur) Ses progrès dans la Géométrie. 259

Warbeck. (Perkin) Imposteur fameux en Angleterre, sous le Régne de Henri VII. 212

Whigs. Parti considérable en Angleterre, opposé aux Toris. 171

Whiston. (Mr.) Son Sentiment sur le Déluge. 244

Wycherley. Auteur de plusieurs Comédies excellentes. Il a eu part aux faveurs de la plus fameuse des Maîtresses de Charles II. 276. Il a fort imité Moliére, sur-tout dans le *Plain-Dealer*, 277. Sujet de cette Comédie, *ibid.* & d'une autre intitulée *The Country Wift.* 278

Fin de la Table des Matières.

www.ingramcontent.com/pod-product-compliance
Lightning Source LLC
Chambersburg PA
CBHW070905170426
43202CB00012B/2206